剣道に学ぶ

栗原 正治

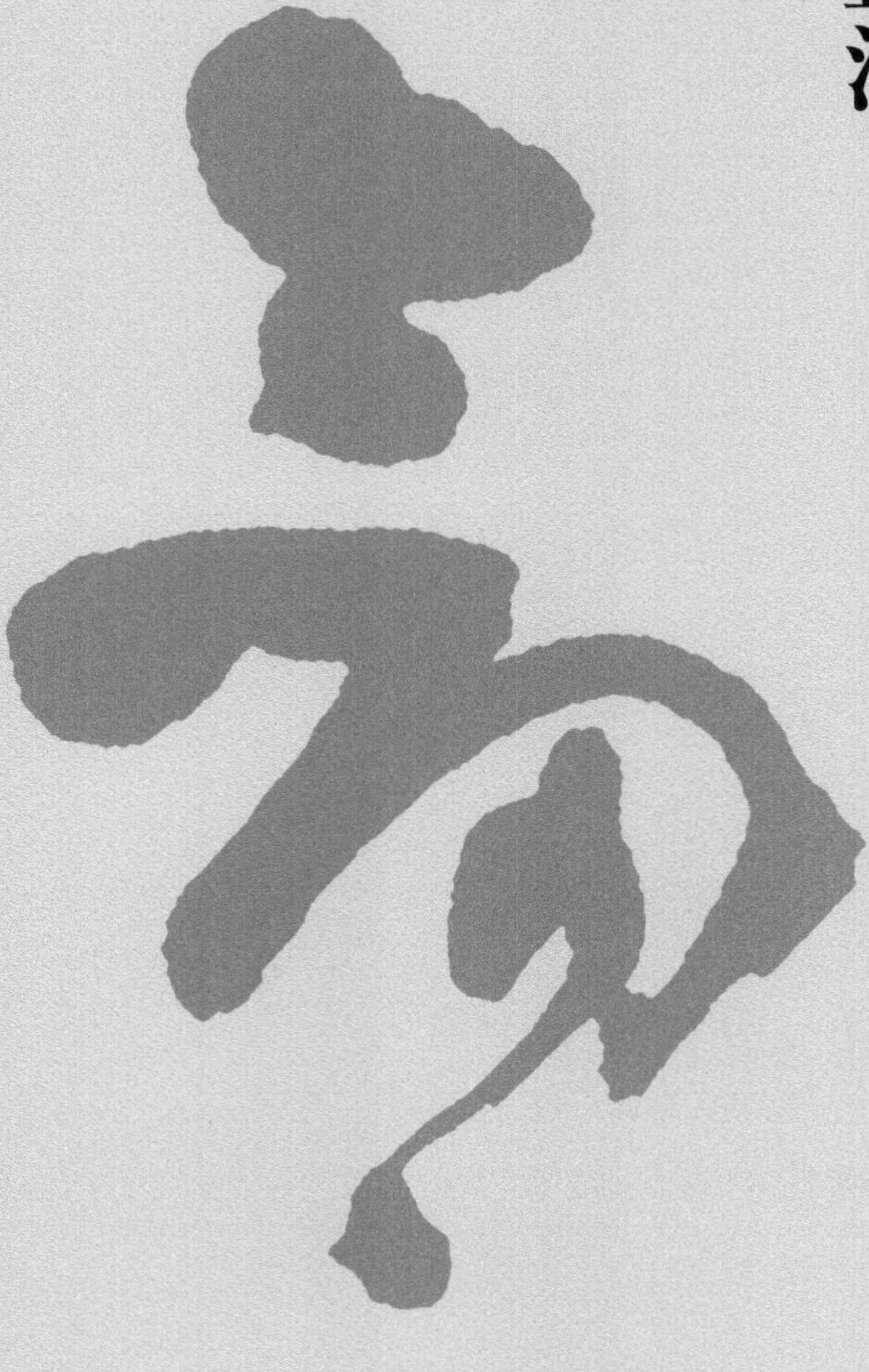

ブックウェイ

スマートフォンで動画を閲覧できます

①無料アプリ「COCOAR2」を検索→ダウンロード
②アプリを起動して画面の四角の枠内に AR マークのついた写真（画像）を合わせます。
③画像をアプリが認識後、動画が再生されます。

COCOAR2

※機種、動作環境により対応しない場合があります。

推薦の言葉

師匠の語録

この書籍は、十年に及ぶ合宿に際して語られた「師匠の語録」であり、その言葉に導かれた「塾生の修行の軌跡」が記されている。

平成十二年の当時、既に二十年を越す部歴を持っていたＮＥＤＯ（国立研究開発法人新エネルギー・産業技術総合開発機構）の剣道部は、「春の鹿島、秋の日光」の「年に二度」、夫々の地の「武徳殿」に場所を定め、組織外の参加希望者も受け入れて、週末二日間の合宿である「ＮＥＤＯ剣道塾」を始めることとした。

その「十八年前の秋の日光」の宿で、有志が、塾生の心に残った「師匠の言葉」を集め、「語録」として回覧した。これを目にとめた師匠は、その語録に発言者としての「解説と説明」を付け加え、Ａ４の一枚紙として塾生に配布してくれた。

この「語録の収集と解説・説明書の作成」は、その後の春・秋の合宿の度に、年中行事として繰り返されることとなった。稽古の後の飲み会の席で、また地稽古のビデオ映像を皆で並んで見るＴＶの前で、ノートと鉛筆を持った「担当者」が、いつも師匠の言葉のメモを作っていた。

そして十年が経過し、二十二回の合宿の成果物としての紙の枚数も増したところで、「平成二十三年三月の鹿島」を機に、取り敢えずのとりまとめをすることとし、「総集編」と名付けた冊子として、ＮＥＤＯ剣道塾生の教本として配布した。

この度師匠が、その「総集編」を大幅に加筆修正し、「剣道に学ぶ」と名付けた新しい書籍としてくれた。まさしく「師弟による十八年間の三密の行を経た不立文字」を世に問うものである。

読者は、師匠が「塾生の反応と疑問」に答えながら言葉とした「不立文字」を読みながら、我々塾生が剣道から何かをつかみ取って来た過程をも、気づかれるのではないだろうか。そしてそれが、読者にとって、剣道から何かを学ぶ際の御参考の一里塚ともなりうるのではないだろうか。

上に言う「師匠」こそ、早稲田大学剣道部師範の栗原正治氏であり、この本の著者である。塾生一同は、この著者を「不世出・稀代の名剣士」と長く感銘を受け続けてきており、その「美しい剣道」を、我らが剣道塾の華として、何よりの誇りとしている。

ここにＮＥＤＯ剣道塾生を代表して、剣道の何たるかを教えてくれた栗原師匠に、改めて心からの御礼を申し上げる次第である。

平成三十一年二月吉日

稲川泰弘

元経済産業省剣道部長（元資源エネルギー庁長官）

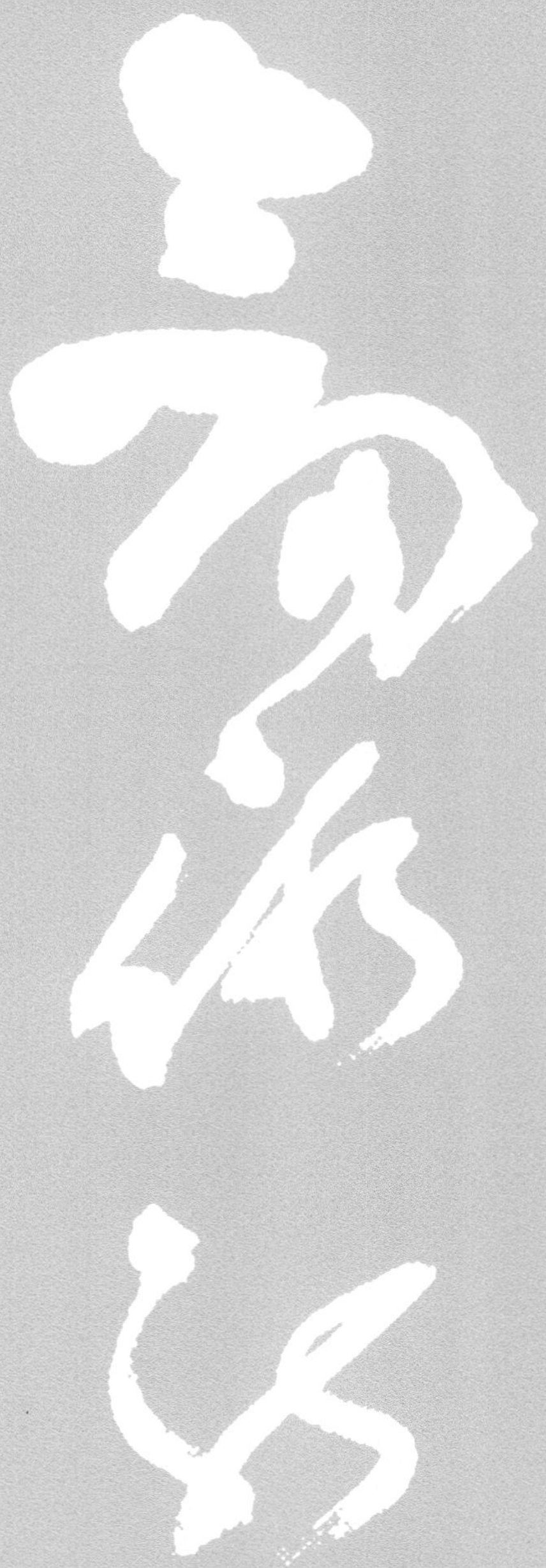

序にかえて

私の尊敬する剣道家に持田盛二先生（明治十八年／1885年〜昭和四十九年／1974年）がいます。彼は大日本武徳會剣道範士の肩書で、『剣道と氣品』という題で千五百字程度の文章を書いています。その中で、私の好きな箇所があるので紹介します。

「（略）あの人の剣道《けんだう》に『氣品』があるとか無いとかは誰にも自然《しぜん》に感じられるものであるが、然らばその氣品《きひん》とはどんなものかという段になると、容易《ようい》に謂ひあらわしがたい。氣を花に譬ふれば、氣品はその薫りのやうなものではあるまいか、或は心を光になぞらへれば、氣品はその映《うつろ》ひのやうなものではあるまいかと思ふ。花鮮やかならざれば薫りを得がたく、光明らかならざればその映《うつろ》ひを望み得ないと同様に、氣品は正しい心、澄《す》んだ氣から、自然に發する得もいはれぬ氣高《けだか》さである。

（略）奥床《おくゆか》しき氣品漂ふところ、人格そのものに高き香薫《かをり》じ、明るき光映《ひかりうつろ》ひ、誰しも自ら湧き起る尊敬を禁《きん》じ得ないものがある。（略）」（講談社『武道宝鑑』p.47〜p.49）

戦気高揚とする時代に、国民精神がどうのとはこの文章中には一切書かれてはいません。

体育とスポーツ出版社『師範室閑話』上牧宏著（平成三年二月初版）には、「小川範士回顧談」という章があり、持田先生の逸話がいくつか書かれています。小川忠太郎範士（明治三十四年／1901年〜平成四年／1992年）は若いころ入門したのは高野佐三郎範士（文久二年／1862年〜昭和二十五年／1950年）のもとだが、後年、人生の全ての師と仰いだのは野間道場の師範をしておられた持田先生であると記されております。

持田先生が亡くなられる前年（昭和四十八年／1973年）は病床にあり、京都大会での試合内容を小川範士から聞くことを楽しみにされておられた。先ず、範士八段の対戦を終始黙ったまま一言もはさまず聞いていた。さて今度は範士九段の話をきりだそうとすると、「九段はいりません。人間が人間に最高の位を与えた。その人達の剣道に良いものはないのです。毎年、教士八段の中に幾組か良い演武があったのです。」と言われたそうです。昭和三十七年の大麻十段以降、十段は一人もつくられていない。小川範士は自分を前に置いて言外に「段を目標にして九段になったような人の剣道には見るべきものはない」と指摘されたと感じたそうです。

昭和三十二年／１９５７年に十段制が設けられ、それによって小川金之助、持田盛二、中野宗助、斎村五郎、大麻勇次の五人の十段が誕生しました。その十段を授与されたとき、それぞれの先生方は各様の反応を示されたようです。持田先生の場合、設立当初から師範をされておられた東京文京区妙義道場（今は無い）では館長、塾生で密かに祝賀の準備をし、全日本剣道連盟（以下「全剣連」という）から届く免状を待っていた。先生は「今日は何があるんですか」と言って、指定された席に座っておられたが、全剣連から免状を手渡されたとたん、ポイとそれを前に置くと沈黙されてしまった。座は完全にシラけ、司会も進行ができなくなった。持田先生はこのとき集まった人たちを前に、「実力がなくてこんなものをもらって価値があるだろうか。私の剣道は日暮れて道遠しです。皆さんは若い、頑張ってくださ い。」と語られたそうである。

持田先生の生活は質素そのもので、お住まいもお弟子さんたちから「金を集めて新しい家に住んでもらおう」との話があったが、最後まで借家であったとのこと。

持田先生の武術教員養成所時代の師匠である内藤高治範士（文久二年／１８６２

年～昭和四年／1929年）も、心ある人たちが「いつまでもお寺に住んでいたのでは不自由だろうから」と大金を集め申し出たが、「剣道家に家は要らない。墓だけあればよい。」と断られたそうである。

持田先生の言動については、剣道人の学ばなければならない重要な剣道観、人生観が表れており、序にかえて引用させていただきました。

私は「NEDO剣」という剣道塾（塾長：稲川泰弘先生）に参加しています。ここでは仲間の皆さんとともに稽古をし、剣道を言葉で表現し書き留め、今よりさらに美しい剣道を目指そうと楽しんでおります。この「NEDO剣」で私が書き留めておいた文章があります。これは自分が今までに人から教わったものや文章で学んだものを踏まえ、さらに自分なりに考察を加えたものです。

今回、これらの文章にさらに加筆、修正し纏《まと》めてみました。美しい剣道を目指して修行中の皆様には何らかの参考になると思いますので、『剣道に学ぶ』と題して一冊にします。

目次

第五章　不立文字のいくつか……67

第二編　美しき剣道を求めて

第三章　竹刀の振り

第一編 不立文字

禅に「不立文字（ふりゅうもんじ）」という思想があります。文字は真理を示すための道具であって、真理そのものではないという考え方であります。例えば、空に浮かぶ月を指して「あれが月だ」という場合、指が示すのは月のある方向であって、指そのものが月なのではありません。すなわち、文字とは月をさす指に過ぎないのに、私たちはしばしば「指（文字・言葉）」にとらわれて「月（真理）」を見ることができないことがあります。

それでは、文字では真理を表現できないのでしょうか。

真言宗では、文字では表現できないとして、「身・口・意（しんくい）の三密の行」を行うことにより真理を体得し、悟りを目指しているといわれます。この行とは、「身体で感じて言葉で共鳴し意識で自分のものにする」もので、ここでいう「言葉」とは、「そこに真理がこめられた仏の言葉（真言）」ということらしい。

私は、この「言葉」を「真理がこめられた剣道の言葉」ととらえ、「身・口・意の三剣の行」を行うことにより、身体で感じて言葉で共鳴し意識で自分のものにして悟りを目指したいと考えます。さらに、この不立文字をあえて文字に表し、継承（「筆受の相承」）していかなければならないと痛感するものであります。（小学館文

庫「逆説の日本史6　中世神風編」井沢元彦著から引用）

この第一編では、剣道に関する分かりにくい言葉を、私なりに解釈し、言葉で説明してまいります。

第一章　「剣道の理念」について

全剣連は、「剣道の理念」として、「剣道は剣の理法の修錬による人間形成の道である」と定義づけました。昭和五十年三月二十日のことであります。

私の剣道修行における永遠のテーマは、「剣とは刀であり、この剣の理法の修錬とは、その刀を使って相手を合理的に斬る稽古を積むということである。何故、このような暴力的な行為が人間形成の道につながるのか。」ということであります。

この章では、剣道がどの様に人間形成の道につながっていくのかを考察します。

1. 剣の歴史

「剣道の理念」ということを考えるにあたり、先ず現代の剣道に至るまでの「剣」の歴史を大まかではありますが簡単に纏めてみます。

人間が戦いの歴史の中で金属を鋳《い》て武器としたのはいつ頃のことであろうか。もともと青銅の剣は、その国家の文明の象徴であり、権力の象徴でもありました。鉄の文明が起こり、剣は鋼《はがね》の太刀、そして刀という武器に変わります。

平安時代末、刀を持ち侍《さぶら》う者、すなわち武士が台頭し、平氏、源氏と遷《うつ》って政権を担うこととなります。

太古より集団戦が、槍、弓、騎馬、鉄砲、そして大砲と変化しても、個人としては刀を帯びていました。この刀の扱いが巧ければ、自分は殺されず、人を殺すこともできます。戦っているうちに刀が折れたのでは話にならない、自然と名刀が生まれました。

刀が自分を助ける、刀が命の次に大切なものと思われるようになり、刀に魂が入り、精神性を帯びました。一方、鎌倉時代には禅宗が伝わり、武士の心に移入され、武士の規範も定まります。

室町時代末、各地で戦乱に明け暮れました。どのように刀を扱えば殺されないか、殺せるか、命がけで工夫しました。とてつもなく殺し合いの強い者が生まれ、その教えを乞う者もあらわれました。殺し方が伝授され、そして流派が生まれます。

江戸時代に遷り、集団戦は無くなったものの、細々とではありますが個の戦いは続きます。剣術の修養も各流派の形として続きます。３００年ほど前に防具・竹刀が発明され、競技としての剣術が始まりましたが、武士階級としてのノブレスオブリージの教育は厳然《げんぜん》として残り、刀を扱う心、精神性は引き継がれました。

明治維新により廃藩・廃刀となり武士は消えましたが、その精神性は「武士道」、また実技としては「竹刀剣術」として残り、これらの二つを集約して「剣道」という言葉を発明し、今に受け継がれています。

太平洋戦争後、この剣道が禁止されその復活が図られましたが、ＧＨＱの統治の元、剣道は撓競技として再生しました。日本の独立とともに剣道としてできるようになりましたが、スポーツ性が強調されたため、「剣道」は「競技剣道」に傾きました。当然、「剣道」を愛する者から本来の剣道に戻すべく行動が開始されました。特に、全剣連は「剣道の理念」を制定して「剣道のあるべき姿」を明確にし、日本ばかりではなく世界に、指導・普及に努めております。

2. 剣の理法

剣の歴史からすると、「剣道」が生まれるまでは刀による殺戮《さつりく》の歴史でもありました。先人はこの生死をかけた戦いを勝ち抜くために、体を鍛え、心を養い、そして刀の機能を存分に発揮した剣術を錬磨しました。すなわち、「殺人刀《せつにんとう》」の理法の修錬のために命がけで修行したのであります。

「剣道」は、この殺人刀を、己を鍛え、他人を生かす「活人剣《かつじんけん》」として生まれ変わらせたものであります。竹刀を持ち、自分が必死に鍛え上げた気・剣・体を一致させた見事な一本を打つ修錬を積み、打たれた者はその未熟を知り、更に修行を積むのであります。修行だからこそ、打たれても自然とありがとうございましたと素直に言えるのであります。

竹刀が例え竹の棒であっても、剣の歴史を十分に理解できれば、竹刀を刀として精神性をもって扱い、刀として機能させて使うべきなのであります。表もあれば裏もあり、鎬《しのぎ》もあれば刃や切先《きっさき》もあります。だから丸太を持って殴るのではなく、刀の刃で斬るのであります。

また、ここで「剣」と言うのは、「剣が両刃であり相手も斬れ、自分も斬れる」からであり、「刀道」、「刀の理法」とは言わぬ深い意味合いが含まれているものと感じます。

剣の理法の修錬とは、心身を鍛え、竹刀を刀としての機能を十分に発揮させて、気剣体の一致した見事な一本を打つための修行と考えられます。剣道を竹刀という刀をもって真剣に学ぶということです。そのためには剣道形の稽古や古流の形も同時に学び、その刃筋や理合を学ぶことも重要となります。

3. 人間形成の道

剣の理法を修錬すれば人間形成につながるのでしょうか。剣の理法を知るとはあまりにも個人的であり、人間社会との接点がない限り人間形成につながるはずはありません。

修錬するとは、その相手との稽古の中でお互いに修行しあうということでありましょう。相手が一人ではなく、大勢の人であれば、稽古の中で互いの修行の段階が違いながらも、剣技を通じて会話を持つことができます。稽古をし、その後酒でも酌み交わせれば、百年の知己であります。交剣知愛《こうけんちあい》、実に名言です。

相手は、世界中に、そして各人各様の社会にいます。その方たちの話を聞き、自分の世界を広めることとは、間違いなく人間形成の道であります。

しかし、剣道をやらなければ人間形成はできないのか。そんなことはない。それでは、剣道を修行した人は何が違うのか。「剣道」は、他と何が違うのか。「剣道」は、相手を叩き、突き、体当たりを加えてひっくり返すこともあります。まさに暴力そのものであります。子供の頃、それをされても何くそと食いついて懸かっていきました。そんな先生が、「知のない剣道は暴力である。」と言っていました。それでは「知」があれば、暴力でないのか、「知」とは何か。それは、知性であり、教養であり、徳性であります。また、礼であり、恕《じょ》であり、情であり、義であり、まさに武士道の精神そのものなのであります。この「知」という教育の中で、辛くても、痛くても、逃げることを「恥」と思って修行を続けることができたのであります。

極寒に寒稽古、真夏に暑中稽古、人のいやがることを敢えて求めて修行しました。シーズンなどない、毎日が稽古でありました。自分がその道を耐えてきたからこそ、人の辛さ、苦しみが判るのであります。だから、万人が親しみ、喜ばれる「剣道」を、その人の修行のレベルに応じた教育もできます。教えることは、教わることであり、自らも学ぶことの連続であります。

このような修行の中からその人の剣道に知性や教養、さらには気高さが感じられてくるのであります。「剣道」の修行に終わりはありません。今日よりも明日へ、強く、そして美しく、気高き剣道を求めて。

4. 死生観

剣の歴史が殺戮の歴史であれば、刀を持つ者はどんなに修行を積み強くなったとしても常に死と隣り合わせにいたことでありましょう。死を懼《おそ》れぬ心の修行も積んだことでありましょう。宗教と出会い、死を懼れぬ境地に達した者もありましょう。

一死よりも名誉を重んじ、一命よりも門地を貴ぶ時代でもあったでしょう。いつでも死ねる教育も受けたでしょう。死を懼れなくなると、死を美しいものにしたいと考えたでしょう。美しい死に方、その時の装束・匂いにまで思い及んだことでしょう。

このような死生観を、現在では試合という形をとって体験できます。

剣道の修行者として醜い試合はできない。「美しく立派な試合をして勝つ」、これが現在での「剣道での最高の姿」であろうと思います。しかし、いつまでも勝ち続けることはできません。いつかは負けます。負けたくないために醜い姿勢はとれません。美しい姿のまま、美しく散れればそれでいい。

5．まとめ

「剣道」が、万人に親しまれ、喜ばれる人間形成の道となっているのか。一部の人間の閉鎖的な世界で行われていないか。今の剣道が己を高めているか。その打突が己の恥とならぬか。自分の剣道が他人の剣道をも高めているか。この点は、常に考え続けていくべきと考えます。

「剣道は剣の理法の修錬による人間形成の道である」、見事に剣道の理念を言い当てた名言と思います。この「剣の理法」の中に、先人の生死を超えた厳しい修錬の歴史を感じずにはおれません。これを理解して修錬するからこそ、座標軸のしっかりした人間形成の道が開けてくると信じます。

人間社会には、いろいろな人間形成の道があります。「剣道」にもいろいろの修行の道があり、それを否定してはいけません。しかし、「剣道」を修行しているからこそ判る、気高い人間形成の道があります。これを各人が各様に求めていくのであります。

第二章　理合について

私は、「理合とは先を読むことである」と考えております。これは、私の指導体験の中で、どんなに言葉を尽くしても理合の意味は理解されませんが、「相手の動きの先を読んだ剣道をしろ」と励ますと、相手の先の動きを読んで稽古をしているうちに自然と理合が解ってくるということを知っているからです。囲碁、将棋でも先を読める人が強い。これは、自分の読んだ通りの指手で相手を誘導し、思い通りの結果にもっていけるからと思われます。

1．触と気

高野佐三郎先生が弟子に、「何故、先生はそんなに強いのですか。」と聞かれて、「子供と相撲を取れば、その子が何をしたいか全て判るでしょ。」と言われたそうである。この答えには、大きく二つの意味があると思われます。

一つ目は、「あなたとは大人と子供くらい稽古量に差があります。」ということ、二つ目は、「子供の体格に対し、大人の自分がのしかかるように組み合ったら、動きや気配からその子が今何をしたいのか肌で感じるでしょ。」ということであります。

柔道や相撲のような武道では、既に身体が相手と接し、その動きや気配は「触」として感知し、その「触」の先を読んで勝負していると思われます。講道館柔道出身で剣道を始めたT氏は、相手の竹刀に自分の竹刀をシャリシャリと上下させて接し、あたかも相手の起こりを「触」として察知して稽古されていた様である。これは、昔使い慣れた柔道の「触」を剣道に応用しようとしていた様にも考えられます。

しかし、剣道においては、鍔《つば》競り合いは別として、竹刀を介在して間合《まあい》という距離をとります。ここでは、相手の動きや気配は「気」として感知することとなります。だからむやみに剣尖を動かす必要はなく、せいぜい中心をとる切先の圧力を「触」として捉える程度とし、むしろ剣の表裏の微妙な使い方に留意すべきものであります。

先述の二つ目の解釈のように、相手を大きく気で包み、その「気」で微妙な相手の「気の使い」を察知するのであり、しっかりした構えをとっていれば良いのです。ここには、体格差というものは大きな問題ではありません。私は、ここに剣道の素晴らしさ、美しさがあると思っております。

2. 見切り

剣道では、「間合」と「運動律」という二つの見切りを学ぶ必要があります。「間合」とは、相手の剣の切先と自分との距離であります。どこまで我慢できるか、この間合を見切ることは、極中の極意であり、体格差を超えた剣道を学ぶ上で非常に重要な要素であります。

「運動律」とは、相手の技、太刀筋や動きの癖であり、リズムが伴います。これを早く察し、掴み、見切ることができると無駄打ちを減らせ、思い切った技を出せることになります。

この見切りを会得すると、上手な間合で構えを保てることができ、相手との「位取り」に勝つことになります。

3. 理合

理合とは、「相手の先を読むこと」であり、それは相手の動きを先に捉えることであります。理合を学ぶ上で、前提として「気」と「見切り」について考えました。

では、相手の動きの先を捉えるにはどうするのか。

先ず攻めます。攻めすぎてはいけません。攻めて打たないことが重要です。相手はいつ来るんだと心と息を乱し、苦しくなって動きだそうとします。その相手の「いつ、どこを、どの様に打つか」の先を読むのです。一足一刀の「間合」まで我慢し、相手の「運動律」に応じて、できれば思いきり飛び込み面にでるのです。

ここで一つの地稽古の理想的なパターンを「舞台」の例として示しましょう。

まず「初太刀の舞台」です。自分が攻めながら相手にも攻めさせ、一足一刀の間合に入ったら、相手の「打ちたい」の「う」の字を、「相打ち」を覚悟で思いっきり面に出なければなりません。一足一刀の間合に入る前に怖くなって打ってしまうことは、「位取り」における負けとなります。

初太刀が終了した後は、出小手、応じ返し技やすり上げ技等の「技の舞台」に入ります。攻めながら、相手を引き出し打たせ、相手の「運動律」に応じてそれを上手に技で捌《さば》くのです。上級者になったら出小手、応じ返し胴、すり上げ等の打ちは、一瞬の一足の打突とし、手の内を決めたその瞬間に自分の体の動きを止め、残心とします。「手の内に残心あり」と申します。手の内は一瞬緩めてください。

最後は、初太刀の舞台と同様に、思いきりのよい「飛び込み面一本の舞台」としたいものです。この一本には自分の剣道の全てを懸けてみたいものです。

4．まとめ

先の読みの上手い人は剣道も上手いといわれます。すなわち、剣道の理合が判るようになると、「見えたら打つ」から、「見えた時には打っていた」というステージアップになるのです。

しかし読みにも失敗はたくさんあるでしょう。自分が出端を打たれてガッカリすることもあるでしょう。打たれることを恐れず、数を熟して読みの確率を上げていかなければ、剣道の上達は望めません。剣道が上達する条件の大半は、この読み、すなわち「理合」を自得することです。この「理合」を十分に理解し、百錬自得し、剣道を楽しみましょう。

第三章　充実した気勢について

全剣連の定める剣道試合・審判規則第12条『有効打突』には、「有効打突は、充実した気勢、適正なる姿勢をもって、竹刀の打突部で打突部位を刃筋正しく打突し、残心のあるものとする。」と規定しています。この語群の中で形として表現できないにもかかわらず、最初の語彙として「充実した気勢」と規定しています。確かに自分で審判をしていても、「充実した気勢」が感じられない打突では一本として旗を揚げることはありません。

それほど大切な「気」とか、「気勢」を言葉で表現している文章をあまり見かけることがないので、ここで新たに「充実した気勢」の解釈およびその使い方についてて考えてみることとします。

1. 風船の気

剣道の「気」を説明するのに、昔は「剣尖から炎が出る」とか、「鍔元《つばもと》から輪が出る」などと表現していましたが、最近ではしばしば風船を例えに説明されることがあります。

「充実した気」とは、風船をどんどん膨らませていって、「もうそれ以上膨らませたら割れる。あ、危ない、怖い。」と感じさせるような気の表れと考えています。すなわち、「充実した気勢」とは、そのような「今にも割れるぞ」という気迫を相手に伝え、相手が緊張して身体が硬くなるくらいの緊迫した「攻めの気」の状態をいうと考えます。

さらに、その今にも破裂しそうな風船を、堂々と構えた両手に乗せ、相手の竹刀の先に付いた針にゆっくり近づけ、その風船の破裂を懼れて相手が思わず竹刀を持つ手を引っ込めさせるような状態であります。この状態を、「溜め」といい、この直後が「打つ機」であり、「いつ打つか」という大切な場でもあります。

剣道では、この静（構え）から動（打突）までが、最も重要なテーマとなります。すなわち剣道の打突の特徴は、この「静」から「動」への爆発的移行であり、ここが「剣道の美しさ」の生まれる所以であります。

2. 気のつくり方

それでは、どの様に風船を膨らませるのでしょうか。やはり「気」ですから、息の使い方で膨らませてみましょう。お互いに礼をし、初太刀の一本を打つまでの気の使い方を表現してみます。

先ず相手と立ち合いの間合でお互いの礼を行います。ゆっくり息を吸いながら三歩進み、蹲踞《そんきょ》をしながら横隔膜を下げるように丹田に向けて息を押し込めます。止めた息は自然に出てくるに任せ（自然呼気）ますが、残気は丹田に溜め相手を見据えます。ゆっくり息を吸いながら立ち上がり構えます。ここまでは、大きな呼吸であります。

次に触刃《しょくじん》の間《ま》に進みます。触刃の間で堂々と構えている間は、腹式呼吸で肩を動かさず、短く息を吸い、ゆっくり時間をかけて自然呼気で吐くことを繰り返します。これから間合をジワリジワリと詰めてまいります。腹式呼吸で肩を動かさず、短く息を吸い、ゆっくり時間をかけて自然呼気で吐くことを繰り返します。自然呼気の残気は先の残気の上に少しずつ積み上げていきましょう。ゆっくりそれを繰り返すと、かなり風船が膨らんできています。ジワリジワリと後足で腰、風船、右足を送りながらいよいよ交刃《こうじん》の間《ま》の一寸《いっすん》手前まで進めます。これが「攻め」になります。合気・目付を外さず、理合いを踏まえ、十分に風船を膨らませることが重要です。

交刃の間の一寸手前では、十分に風船を膨らませたまま息を止めじっとしています。これが「溜め」です。相手に緊張が走り、打つの「う」の字が見えたら、間髪入れず交刃の間（一足一刀の間合）に入り、相手が動こうとする「う」の字に飛び込みます。この時が最も風船が膨らみ、破裂に至った瞬間であります。

もし、「溜め」の最中に相手に下がる気配があれば、打って出てはいけません。ここが我慢のしどころです。また、この時に相手に先に打たれたのであれば、相手の理合・力量が勝っていたのであり、自分の修行の足りなさであると諦めることです。

しかし、どんなことがあろうとも自分から打ち、打ち切ったのであれば、その風船の大きさが相手のものより大きかろうが小さかろうが関係なく、静から動への爆発的渡りができたということになります。あきらめず、自分が打てるようになるまで繰り返し鍛錬を積みましょう。ここが剣道修行における最も大切なところであります。

3．日用の気

気をつくれと言われても、そう簡単につくれるものではありません。日用の活動の中で、意識して気を考え、その気を練り、剣道に応用することが必要です。例えば、「歩く」ということを意識してみます。

先ず立ち上がっただけで、背筋を伸ばす、顎を引く、物見を定める、視界の両脇に気を配る等の意識を働かせます。次に歩き出します。後ろ足で前足の膝を押すように歩くと、腰が入るとともに上体が揺れずにあるけます。

呼吸は肩を上下させず腹式呼吸とします。すると臍《へそ》が自然に上向き、臍が前に出た「臍から歩く」状態となります。時には、自然呼気の残気を積み上げる練習もして下さい。

これに「なんば歩き」という右手右足、左手左足を同時に動かす歩行法を取り入れれば、「武士の歩き」となります。しかし、「なんば歩き」まで取り入れなくとも、毎日、何時でも、何処ででも、意識さえすれば、歩きながら気を練り上げることができるものであります。日用に取り入れてみて下さい。

4．弓との比較

武道の中で、気の膨らみを具体的に見ることができるものに、弓道があります。私は、剣道における「いつ打つか」の勉強のため、短期間でしたが弓道を学びました。今は、すっかり「射法」を忘れてしまいましたが、弓道の解説書によれば、「射術」の作法の流れである「射法」を以下のように説明しています。

① 執弓（とりゆみ）：弓矢を持って立つ
② 足踏み（あしふみ）：60°に踏み開く
③ 胴造り（どうづくり）：足踏みの上に腰・上体を落ち着ける
④ 弓構え（ゆがまえ）：矢をつがえ、的を見る
⑤ 打起し（うちおこし）：弓をすくい上げる
⑥ 引分け（ひきわけ）：弓を引分ける

⑦ 会（かい）：引分けを完成した状態としながら的をねらう
⑧ 離れ（はなれ）：矢を放つ
⑨ 残心（ざんしん）：射術のまとめ
⑩ 弓倒し（ゆだおし）：弓を元に復す
⑪ 物見返し（ものみがえし）：物見を戻す

ここで、形として風船を膨らませる動作は、「⑥引分け」であり、これが「攻め」となります。「⑦会」は「溜め」の状態であり、剣道でいう「いつ打つか」の場面であります。「⑧離れ」は風船の破裂した状態であり、「打ち」に飛び込んだところであります。「⑦会」と「⑧離れ」は不離一体のものとされ、弓道ではここまでが己との闘いであります。

後は矢の飛ぶに任せるのみでありますが、「射行正しく射法に従えば、射術は百発百中の妙に達する。」とされ、その正しく修行を行い、稽古を重ねることの重要さを教えています。

以上述べたように、弓道における「射法」は、剣道の初太刀の所作と非常に似ております。特に「④弓構え」から「⑪物見返し」までの目付・物見や、「⑥引分け、⑦会、⑧離れ」の「攻め、溜め、打つ」にいたる静から動の爆発まで、さらに「⑨残心」の動から静への余韻などは、弓道には体の位置的な移動がないだけに剣道を超える美しさを感じさせます。チャンスがあれば、一度学んでみてはいかがでしょう。

5. 気を積む

剣道には、一本になろうがなるまいが、元《もと》（開始線）に戻るという動作がありま す。往々にして、ここがお互いの「気の縁の切れ目」となります。

あらゆる武道やスポーツにしろ、この「気の縁の切れ目」の直前の動作によって、今相手がどの様な心の持ちようとなっているか、その心の変化を上手に推し量ることが、次の仕掛けや理合の運びに非常に重要となります。

「今打った面は当たらなかったが、かなり応えたようだな。もう一回面にいったら、抜き胴の準備をしているかもしれないな。面を打つふりして、手元が揚がったところを小手に出ようか。」などと、次の行為を考えることが重要です。また、前の場面で、例え30％の打突にしかならなくても、次の場面で不十分でもさらに40％の打突を積めば、相手はかなりダメージを受けることでしょう。

すなわち、縁の切れ目毎にゼロに戻ってしまうのではなく、例え元（開始線）に戻りながら相手と後ろ向きになろうとも、常に相手の脳みそに視線（心）を離さず、一つ一つの場面における心のあり様を繋げ、次の場面に積んでいくのです。この心のあり様には、お互いの気が入っております。このお互いの気を自分のものとして取り込んでいくのが、「気を積む」ということです。

老練な人ほど、この気の積み方が上手であり、稽古・試合の流れを自分の思い通りの運びにもっていっているようです。

6．気合と発声

初心者から三段くらいの者によく見られる悪い点の一つに、蹲踞から立ち上がると直ぐに打って出るということがあります。

これと同様に七段のような高段者の方にも、蹲踞から立ち上がると直ぐに声を出す人がいます。あまり気がついていないようですが、これは何の意味もありません。

先に述べた「充実した気勢」とは、声を出す、出さない、声の大きさには関係ありません。

高段者が、立ち合いの攻防において相手より気勢が劣っているなと感じたのであれば、それを補うために発声し、自分の気勢をさらに充実させ、相手の気勢を削ぐ目的に使って欲しいと思います。

ただし、自分より下の者を使うときに、相手の気勢を高めるために自分から発声し、相手の気合いを引き出してあげることも必要であります。

私は、少なくとも初太刀までは、相手より充実した気勢になるようにしていますので、かけ声をかけません。ただし、上位の人にかかる場合は、礼儀として、立ち合いの攻防の中で自分から先に声を伴った気合をかけるようにしております。

普段何気なく声を出していることと思いますが、一度自分のかけ声を反省してみて下さい。

7．まとめ

充実した気勢を説明するために、風船や弓道の所作について触れてみました。「いつ打つか」、「初太刀をとる」というような剣道で大切な場において、充実した気勢は「静」から「動」への爆発的渡りを可能とするためにはどうしても必要な要素であります。

剣道修行は、有効打突の見事な一本を決めることだと言われております。その第一条件である「充実した気勢」を理解し、実行することが必要不可欠であると考えます。

第四章　目付について

剣道の解説書には、剣道における身の使い方として重要な部位を順番に、「一眼《いちがん》二足《にそく》三胆《さんたん》四力《しりょく》」と表現し、眼の使い方が最も重要であると教えております。眼の使い方については、剣術でも剣道でも違いはないと考えられますので、ここでは剣術の時代から現代までに書かれた代表的な「目付」の文章を参考にして話を進めてみます。

剣術における「目付」については、江戸時代初期に、宮本武蔵の「五輪之書」、および柳生十兵衛三厳の「月之抄」等に書かれており、現代の剣道家の参考となっております。

現代剣道における「目付」は、大勢の先生方が解説されておりますが、その原点となるものは、高野佐三郎先生（文久二年／1862年~昭和二十五年／1950年）の「剣道」に書かれたもので、上記の「剣術の目付」を剣道に応用し、発展させたものと思われます。この「目付」については、非常に大切なことと考えますので、少し長くなりますが、今回はその原点となる宮本武蔵、および高野佐三郎先生の文章を十分味わっていただきたいと思います。

私もこれらの「眼の付け方」および「視法」の考え方については、何ら疑問を持つものではありませんが、実際にどうすればよいのかということについて、私なりの検討・解釈を加え、もう少し具体的な手法、考え方を表現してみることとします。

1．武蔵の目付

宮本武蔵は五輪之書、水の巻に「兵法の目付と云事《いふこと》」として次のように書いております。

「目《め》の付様は大きに廣く付くる也。観見二つの事、観の目つよく見の目よわく、遠き所を近く見、近き所を遠く見る事兵法の専也。敵の太刀を知り、聊《いささか》敵の太刀を見ずと云事、兵法の大事也。工夫有べし。此の目付ちいさき兵法にも大きなる兵法にも同じ事なり。目の玉動かずして、両脇を見る事肝要也。箇様の事いそがしき時、俄《にわか》には辨《わきま》へがたし。此書付を覚え、常住此目付になりて、何事にも目付の替わらざる所、能々《よく》吟味有るべきもの也。」

2．高野佐三郎先生の目付

高野佐三郎先生はその著書「剣道（大正四年三月十日初版）」に「眼の付け方」として、次のように書いております。

「眼の付け方は（略）大體《だいたい》敵の顔面に注目すれども、一定の部位に固定するにあらず。敵の頭上より爪先までを一目に視、遠山《えんざん》を望むが如く敵接近するとも遠方を視ると同じ眼にて視るべし、若し然らずして近き時に近く見れば、敵の顔面、拳《こぶし》等一小範囲の外は見えざれども、右の視法によりて視る時はよく敵の全體を一目に視、眼球を動かさずして敵の両脇までも視得るものなり。斯く敵を一體に視る中にも特に重きを置く點二つあり（注目するにあらず）一は剣尖にして一は拳なり。此の二點が動かざれば打出すを得ず。敵下段《げだん》なれば動作の起こりが先ず剣尖《けんせん》に現れ、上段八相《はっそう》の如きにありては拳に現はる。此の二點《てん》に注意し、早く敵の動作の起りを察して之を押さへ、又は先を撃《う》つ等適宜《てきぎ》の處置《しょち》に出づべし（古来これを二つの目付と稱《しょう》せり、又敵にのみ目を付け我を忘るべからず、彼我の二つに目を付くる要ありとて之も二の目付といへり)、撃たん突かんとする意志は悉《ことごと》く眼に現はる、ものなるが、殊に我が敵よりも未熟なる時は忽《たちま》ち我が眼によりて看破せらる、ものなり。故に態《わざ》と敵の眼を見合はずして帯の邊《あたり》などに注目し敵を迷わすことあり。(これを脇目附《わきめつけ》といひ又、帯の矩《かね》と稱して教へたる流儀あり。)」

また、次の節には「二種の視方」として、次のように書いております。

「敵を視るに敵全體を一目に視ると、敵の一部分のみを視ると二種の視方あり。前節に述べたる如く、敵全體を一目に視る時は眼目手足の動静悉く心に入り来る。是れ斯道《しどう》に大切なる視方なり。一部分にのみ注目する時は其の部分はよく見ゆれども全體の擧動を知る能わず。故に常には全體を視、必要に従いて一部分を視、復た忽ち全體を視るの視方に立歸《かえ》ること、恰も中段を常の構とすれば、敵に隙あらば直ちに之に撃込み、撃てば忽ち元の中段となるが如し。古来之を敵の太刀を知りて聊か敵の太刀を視ずといひ、又観見二種の視方ともいひ、或は目にて見ずして心にて視よと教えたり。眼にて視る時は視る所に執して迷いを起こせども、心にて視る時は迷はさる、ことなし。舟に乗りて川を下るに、岸に立てる一人の人は注目すれば舟は動かずして人が走る如く見ゆ。然れども岸全體に眼を放って一點に眼を奪はる、ことなければ、舟の下るも人の佇《たたず》むも犬の走るも總て有りの儘《まま》に見ゆべし。吾人の注意は注目する所に惹《ひ》かれ易く、注目する所は變《へん》化あるもの運動するものに引き着けられ易し。皓々《こうこう》たる明月は眼に入らずして却て螢の如き流星に眼を奪はる。是れ敵の色に欺《あざむ》かれ、敵の動作に心を取られて失敗を招く原因なり。一點を見るは易く全體を視るは難し。鍛錬すべし。（略）」

3．他の解説

目付、視法についてはは、その他の解説書においても、先ずこの高野佐三郎先生の「眼の付け方」および「視法」を元に説明し、そこから発展させております。

特異なものでは、高野佐三郎先生の次男弘正先生（明治三十三年／１９００年～昭和六十二年／１９８７年）の「剣道の習い方（昭和二十八年十二月二日初版）」には、「観《かん》」と「見《けん》」の間に「映《うつ》り」を含めた「三つの視法」にわかれるとし、「これらの視法を対敵の実際に当てはめて見れば、見視によって相手の全体を見てわが身を守り、映視によって相手の動静を知り、観視によって確実にその虚を突き止めて一瞬に襲うのである。」と説明しています。

いずれにしても、「観の目強く、見の目弱く」と教え、「遠山の目付」で相手の全体を見ることとの重要さを説いています。この「観の目」とは、自分の心で相手の心を見る目であるとし、「心で行う剣道」が最上位のものであると教えています。

また、この「観の目」を養うために、「心を練り心眼を開け」と教え、さらには禅を学ぶことを勧め「剣禅一如」と説くものもあります。

4．観の目

「観の目」を説明するにあたり、新潮文庫「肩の砕き」津本陽著（平成四年九月初版）から、参考になる文章を抜粋編集してみました。

江戸随一の町道場といわれた中西道場には、三羽烏と言われた寺田五郎右衛門、白井亨、高柳又四郎という三人の剣客がいた。寺田の木刀からは火が出る、白井の竹刀からは輪が出るといわれ、また、高柳は音無の構えで知られた。

寺田は、天真一刀流をひらいた組太刀の名人であり、あるとき助教なみの門人達が試合を申し込んだときも、竹刀ではなく木刀をとり、素面素籠手であった。門人が打とうとすると、機先を制し、「面へ来るなら、摺《す》りあげて胴をうつぞ」、「小手へくるなら、切りかえして突くぞ」と、相手の心に兆した考えをすぐさま看破して告げた。門人達は、仕懸ければ打たれるにちがいないと分かるので、動けないままに引き下がった。

白井も手あわせをしたが、寺田に睨みすえられると全身が萎縮し、一刀両断されるような凄まじい剣気に圧迫され、無理に打ち込んでも返されることが分かり、気づかぬうちに退いて板壁に背を打ちあてていた。この時、寺田六十三歳、白井は剣風の熟する二十九歳であった。

私は、「観の目」とは、この寺田の行っている「相手が何をしたいのか、どこを打ちたいのか」を読むことであり、読むための気構えが重要であると考えております。六十を過ぎた老人寺田はきっと、すっとした立ち姿、不動の心で、顎を引き、胆《うなじ》で相手を視据えていたことでしょう。

5．観見の移り

「観」とは、相手が何をしたいのか、どこを打ちたいのかを察することであり、「見」とは、その「打ちたい」から「打ち出す」時の相手の目、剣尖、拳、および爪先等の形となって現れ始める発動の刹那を視ることであると考えます。

すなわち、この「観」と「見」は切り離して考えるものではなく、一連のものとして捉えるべきものと考えております。さらに、相手のどこを打ちたいという意志が動作となって表れるまでの「移り」を「観」から「見」の「移り」として捉えるばかりでなく、自分も「観」で知り、「見」に応じて「打突」という行動に「移る」のであります。剣道では、あくまでも打突という行動が伴わなければなりません。「観」から「見」への移りも、「打突」への移りの一つの過程なのであります。陽明学では、「知は行の始めなり。行は知の成るなり。」として認識と実践の重要性を説き、知と行とは循環し、「知行合一」と教えています。

後に述べますが、「機を見て打つ」、「機を作って打つ」、「機の兆しを打つ」というのは、まさにこの「観」から「見」、「打突」までの移りを、己の意志を加えて行動することに他なりません。

また、理合とは、相手の動きの先を読むことであるとしました。理合も、この「移り」に「仕掛け」という己の意志を加えたものに他なりません。

6. 目付

それでは、「観」から「見」の「移り」を視るには、どこを視、また、いつ「打ち」に移ればよいのでしょうか。

やはり、これこそ「遠山の目付」で相手の頭上から爪先までの全体を、霞を掛けたようにぼんやりと視るのであります。木を見て山を見ずという言葉があります。一本の木を見てはいけません。山全体を見るのです。山を見ていて、一本の木に梢のそよぎを見るのです。そのそよぎの大きささや向きで、風の強さや風向を察するのです。稲妻の光の強さで、雷の遠近や大小を察するのであります。その梢のそよぎが振りかぶりとなり、稲妻が雷となる刹那を、「観」から「見」の「移り」とし、自分から「打ち」に移るのであります。

目をカッと見開く相手もおりましょう。剣尖を一旦下げ、振りかぶりに懸かる者もおりましょう。右拳をわずかに引く相手もいるでしょう。そのような「打ちたい」から「打ち出す」時の形となって現れ始める相手の目、剣尖、拳、および爪先等の発動の刹那を視たら、間髪を容れず「打ち」に移るのであります。また、大事なことは、ここでこれらの「観」、「見」に拘ってはいけません。自然に「打突」へ移れるように修行を積まなければなりません。「見えたら打つ」ではなく、「見えた時には打っていた」というようにならなければなりません。この熟度が増すほど、相手の技を自分の手前の位置で処理できるようになります。

7．無心の打ち

「観の目」には大きな落とし穴があります。それは、相手が無心で打ち込んできた時であります。相手の何をしたいのか、どこを打ちたいのかが察せられず、相手の「打ち」が思わず「見の目」に現れ、直ちに打突されたという経験をすることがあります。これは、相手が「無心」で打ってきたからであります。相手が「無心」のため、「観の目」には視えなかったのです。

その時は打たれればいいのです。素直に、「参りました。」と、言えばよいのです。剣道です。殺される訳ではありません。

その代わり、自分もその「無心の打ち」を出さなければなりません。修行を重ねていくうちに、何回となくその「無心の打ち」を経験することができるようになります。

「無心而入自然之妙　無為而究変化之神（無心にして自然の妙に入り、無為にして変化の神を究《きわ》む）」とは、勝海舟（文政六年／1823年～明治三十二年／1899年）が嘉納治五郎（万延元年／1860年～昭和十三年／1938年）の柔術の極意を見て書いたといわれています。これが生涯剣道の目指す道であるとも言えます。

8. まとめ

剣道では、目付をもって相手の心、打突の形を悟るのでありますが、見るばかりではなく、あくまでも打突という行動が伴わなければなりません。

相手のどこを打ちたいという意志が動作となって表れるまでの映りを「観」から「見」の「移り」として捉えるばかりでなく、自分も「観」で知り、「見」に応じて「打突」という行動に移るのであります。「観」から「見」への移りも、「打突」への移りの一つの過程なのであると考えてください。

第五章　不立文字のいくつか

剣道界で使用されている不立文字はかなりの量があり、いろいろな解説書に説明されておりますが、この編で未だ説明されていない主なものについて取り上げ、自分なりの解釈を加えてみます。

1. 守破離

芸事における修行の段階を表す言葉に「守破離《しゅはり》」というものがあります。文字のごとく、師の教えに対する弟子の覚悟の過程を示すものであります。

私は、剣道における「守破離」について、

「守」とは、基本を覚え、応用・修行し、あらゆる剣道に関する知識を集め、身につける段階。

「破」とは、自分に合った剣道、考え方を整理し、不要なものを捨て、スリムになる段階。

「離」とは、自分の剣道、考え方を創造・発明する段階。

と、考えております。すなわち、「守破離」とは、「**集める、捨てる、発明する**」

ということであります。

六・七段の高段者となられた方は、既にこの「離」の世界に入っているのであり、もはや「破」の段階を終え、スリムになられ、自分の剣道、考え方を創造・発明しなければなりません。

2. 三位の格

「三位《さんみ》の格《かく》」とは、構え、打突、残心の三段階を、「**露《つゆ》の位**」、「**石火《せっか》の位**」、および「**梵鐘《ぼんしょう》の位**」というなかなか意味の深い、美しい言葉で表現した一刀流の教えであります。

「露の位」とは、例えば蓮の葉に付いた幾つもの小さな朝露が、柔らかい風にゆられてコロコロと転がり、次第に一カ所に集まり重くなって葉が支えきれなくなり、とうとうポロッと葉からこぼれ落ちる直前までの状態であります。すなわち、打ち出すまでの慌てず堂々とした涼しい姿勢、およびその心の持ちようであります。

「三位の格」の内、最も重要であり、時間をかける必要があるのがこの「露の位」

であります。

「石火の位」とは、その朝露がポロッと葉からこぼれ落ちる状態であります。すなわち、打突は決してなぶるようなことはせず、一瞬の内に斬り殺すという打突の姿勢、およびその心の持ちようであります。

また、「梵鐘の位」とは、その朝露がこぼれ落ちた後に葉がゆっくり揺れている状態であります。すなわち、一瞬の内に斬り殺した後、梵鐘の余韻のように残心に入る姿勢、およびその心の持ちようであります。

「露の位」から「石火の位」に移る時は、「静」から「動」への爆発的移行の状態であり、千葉周作（寛政5年／1793年～安政2年／1855年）も、「それ剣は瞬息。気剣体の一致」と言っております。そして、直ちに「梵鐘の位」に入ります。誠に言い得て妙と感服します。

「露の位」、「石火の位」、そして「梵鐘の位」という「三位の格」における姿勢、およびその心の持ちようが、堂々としたものであり、気品・風格を感じさせるものになれるよう稽古に励みましょう。

3．不離五向

不離五向《ふりごこう》とは、自分の構えの向きを決める時の教えであります。全て相手に対して真直ぐに構えることが原則です。「目」、「剣先」、「臍」、「爪先」、そして「心」の五つを相手から離さず真直ぐに向けておきなさいと教えております。自分の体の上から下までしっかり相手に向けて方向づけられると、もはや曲がった構えができません。美しい良い構えをしている時はこの五向が見事に働いている状態であります。

この五向の中で相手から見えないものは「心」でありますが、最も動かされやすいものであります。それは「四病」といわれる「**驚（おどろき）**、**懼（おそれ）**、**疑（うたがい）**、**惑（まどい）**」というものに左右されるからであります。相手の強弱、自分の体調、勝負の場面・環境等により、相手に真直ぐ向けていられず、後ろを向いて逃げ出したくなるようなこともあるでしょう。この「心」を相手に向けられないと、他の四向もできなくなってしまいます。負けずに「心」をしっかり相手に向けておれるよう稽古を積んで参りましょう。

剣道における身の使い方として重要な部位を順番に、「**一眼二足三胆四力**」と表現し、眼の使い方が最も重要であると教えております。この「目」をしっかり相手に向けるためには、顎を引き、首筋を真直ぐにしなければなりません。私は目というよりも、**「肚で見る」**という気持ちで稽古をしております。

中段の構えの場合、「剣先」の付け所により、星眼（額）、晴眼（眉間）、青眼（左目）、正眼（咽頭）、臍眼《せいがん》（臍）と上から水平まであります。各人各様の構えがあると思いますが、剣先をしっかり向けるためには、竹刀の両手の握りが重要です。また、この剣先に心を籠めることも忘れてはなりません。

私は剣先を相手の中心、喉元に合わせ、この中心から外さないように心がけております。これを**「中墨《なかずみ》を取る」**といい、大工さんが真直ぐな線を引くときに使う中墨からきております。

「臍」を相手に向けることができれば、相手に正対することとなります。相撲の仕切りの時に両者が真正面で向き合い、両手を広げ、卑怯なものは一切持っておりませんと見せる堂々とした姿であり、ボクシングの様に斜に構えては剣道では美しくありません。

「爪先」についても、両足とも平行にして相手に向けることができれば最も遠くへ踏み込んで打つことが可能となります。古流によっては撞木足《しゅもくあし》で行っているものもありますが、剣道では平行に相手に正対させることが重要です。左足が外を向いている人を見かけますが、美しい剣道にはなっておりません。意識して直さないと上達はできません。

4．懸待一致

懸待《けんたい》とは、懸《か》かることと待つことであり、攻防ということであります。「懸中待《けんちゅうたい》、待中懸《たいちゅうけん》」と言われ、懸かるときにも待つ気持ちを持ち、待つときにも懸かる気持ちを忘れてはなりません。すなわち懸待一致、攻防不岐《ふき》ということであります。

新陰流兵法家伝書の「懸待二字子細之事《にじしさいのこと》」に、「身を懸かりに、心を待ちに」と教える面白い一文が書かれております。一部を述べて判断するのはどうかとも思いますが、参考にはなるでしょう。

「心と身とに懸待ある事。心をば待ちに、身をば懸かりにすべし。なぜならば、心が懸かりなれば、はしり過ぎて悪しき程に、心をばひかえて待ちに持つて、身をば懸かりにして、敵に先をさせて勝つべき也。心が懸かりなれば、人を先ず切らんとして、負けをとるなり。」

5．三殺法

剣道において相手を攻める方法として、相手の「**剣を殺し、技を殺し、気を殺す**」という「三殺法《さんさつほう》」があります。

東京堂出版「剣道を知る事典」日本武道学会編の「攻めと先」の項には、

①「剣を殺す」とは、剣先（構え）によって攻め、相手の竹刀を抑える、払う、はじく、張る、捲くなどして相手の構えを崩し相手の竹刀を自由に使えないようにすることである。

②「技を殺す」とは、技によって攻め、相手が打とうとするところを抑えたり、相手の得意な技を出させないようしたりして、機先を制することである。

③「気を殺す」とは、気（気位）によって攻め、相手を気力で圧倒し、積極的に

技をしかけて、攻撃しようとする気をくじき、技を出させないようにすることである。

と、述べられています。

私もこの「三殺法」が相手を攻める方法として大切な心構えと思います。

特に③の「気を殺す」とは、蛙が蛇に睨まれた状態のように、充実した気で相手の志気を竦《すく》ませることであり、この状態になったらすかさず打ち込むことが肝要です。

なお、この三殺法に「体を殺す」を入れて、「**四殺法**《しさっぽう》」として解説することもできるでしょう。

「体を殺す」とは、相手が打ち込んできたところや受け止めたところに気当たりを加え、相手の体勢を崩し、すかさず打ち込むことをいいます。

いずれも剣、技、気、体を殺した後は、すかさず無心に打ち込むことが重要であり、この打ちを有効打突とするために、充実した気勢、体勢、間合の取り方、刃筋、打突の強さ、手の内等、普段の稽古を十分に積んでおくことが大切です。

試合など経験していると、相手との攻防の中で、この三殺法を自然と使って勝ち、または思わず打たれているのではないでしょうか。今一度、自覚して修行に励みましょう。

6. 交剣知愛

いろいろな方々と稽古をお願いしていて、「この人は嫌な剣道をするな、二度と稽古をしたくない」と感じるようなことがあります。逆に「この人は素晴らしい剣道をするな。こういう人とまた稽古をお願いしたい」と思うこともあります。

普段仲間同士で稽古をするばかりでなく、他の団体との出稽古や合同稽古をすることも、自分の剣道上達のためには必要です。このような稽古の中で、もうこの人と稽古ができなくなるかもしれない。もったいない、もう一度お願いしたい、別れるのが惜しいと感じさせることのできる剣道がしたいものであります。

「**一期一会**」とは千利休の言葉とされ、茶会に臨む際にはその機会は二度と繰り返されることの無い、一生に一度の出会いであるということを心得、亭主・客ともにお互いに誠意を尽くす心構えを意味するそうです。剣道の稽古においても、この稽古は二度と巡っては来ないたった一度きりのものであるという気持ちで、その一回一回の稽古を大切にしたいものであります。

早稲田大学を昭和５年／１９３０年に卒業された玉利嘉章範士九段（明治三十六年／１９０３年～昭和六十年／１９８５年）は、「交剣知愛」とは「**剣を交えて愛《おし》むを知る**」と読む、あの方にもう一度お願いしたいと思われるような稽古をして欲しいと言っておられました。なかなか言い得て妙と思います。

第二編　美しき剣道を求めて

持田盛二先生がお書きになった『剣道と氣品』の中に、「序にかえて」に引用した言葉以外の気品の要素として、「眞剣《しんけん》」、「端正《たんせい》」、「勝敗」、「無理」、「稽古着や道具のつけ方」、「禮儀」、「氣位《きぐらゐ》」、「理想」等を挙げ、「單なる竹刀打と考へてゐる中は、本當《ほんたう》の氣品は生れない（略）氣品は朝に求めて夕に得《え》られるものではない。絶えず心を錬り氣を養ひ、心《こゝろ》と業とが進むに従つて、自然に備《そな》はる（略）『强《つよ》さ』と『氣品』の兩者を併せ得たいものである。」と結んでおられます。美しき剣道とは、先ずこの『気品』が無ければ考えられないでしょう。

私の中学、高校での学び舎は巣鴨学園であります。この学園の剣道、社会科、いや人生の先生に、佐々木二朗範士（明治四十二年／1909年〜平成八年／1996年）がおられました。先生は常々、「知の無い剣道は暴力である。技の無い剣道は味がない。」とよく言われました。確かに剣道は打った打たれたというだけのものではなく、そこには知性、教養、徳性というものを感じさせるものでなくては単なる暴力に堕《だ》してしまうでしょう。また、いにしえからの闘いの中で鍛え上げられた刀の鎬合いが竹刀の技となって表れるようでなくては、剣道の味わいは感じられません。それぞれの人の剣道からにじみ出る「知性」、「教養」、「徳性」や、

「味わいのある技」も、美しい剣道の大切な要素であると考えます。

この編では、「打突」を一旦「構える」、「攻める」、「溜める」、「打つ」、「残心」という過程に微分し、再度「静」から「動」への爆発的移行に積分して、美しい見事な有効打突の一本に仕上げる過程も解説します。特に第四章から第六章にわたり、「打突直前の機」の取り方を、「先をとる」、「打突の機会」、「いつ打つか」という観点から述べますが、これらは同じことを言っています。ここは剣道における最も大切な過程であり、特に「溜める（静）」から「打つ（動）」への爆発的移行を美しく体現できなければ「美しい剣道」を求めることはできません。

各人が求める剣道の「深み」、「味わい」も、学ぶ過程においていろいろ変化、成長します。これから今の私がどのような考え方、稽古法で美しき剣道を求めているのかを述べてまいります。

第一章　美しき剣道への入り口

先ず美しき剣道を求めていくための入り口として、第一章では今の私が剣道に求める「構え方」、「打つまでの心の持ち様」、そして「打ち方」という基本的な動作の過程を述べ、後の章からはそれぞれの詳細につき説明を加えてまいります。

1．涼しい構え

蹲踞から立ち上り、先ず相手と背比べをします。操り人形のように頭を真上から吊られた姿勢、これが最も高く、美しい姿勢であります。相手の背がどんなに高くても、相手の全体を見下ろすように構えます。心の背比べです。

いつでも自分から初太刀の面に飛び込む気構え、不離五向の心構えでありますが、人から見れば静かで涼しい不動の構えであります。山岡鉄舟（天保七年／1836年～明治二十一年／1888年）は画賛に「剣術能《の》極意者風《は》の柳可南《かな》」と書いております。

人は皆、構えているだけでも、思わず反応してしまうところを持っています。それは、右足先であり、右拳であり、左手元等であります。相手の気配、仕掛けによって、このような箇所が動かされたら、それは自分の「心が動かされた」と思わざるをえません。

「心」といってもそれがどこにあるのでしょうか。私の場合は、「心は右手にあり」と考えており、この右手がピクとでも動いたら、心を動かされたと思っています。右手が思わず動くと、姿勢が崩れ、無駄な打ちに走り、熱くなり、チャンバラみたいな太刀回りになります。これでは涼しくありません。

「涼しい構えをとる」とは、この心を動かされず、不動の姿勢を保ち、「風の柳かな」といったいわゆる「明鏡止水《めいきょうしすい》」の境地になって、相手を涼しく見つめ、崩れぬ構えを保つことと考えます。常日頃の稽古、試合においてもこの「涼しい構え」でありたいものです。

「構えの中に城あり。城、気に満つ。心動かざれば、城揺るがず。攻めて揺るがず、迎えて揺るがず。これ『涼しい構え』なり。剣道の『気品』なり。」といったところでしょうか。

2. 溜める

試合において、「ヨーイ、ドン」で打つ状況をしばしば見かけます。これでは、若くバネがあり、背の高い人が勝つに決まっています。

攻めて攻めすぎぬ間合で、「攻めて打たない」と、相手は「いつ来るんだ」と惑います。相手に「ヨーイ、ドン」のチャンスを与えない。この機の中に勝負があり、この勝負に勝って、そして打つのであります。

相手が苦しくなって打って出れば、相手は打たされたことになり、この出端を確実に捕らえます。相手が惑って居ついたなら、そこに打って出る。相手のスピードに慌てて追いつこうとせず、「溜め」という打突の機を悟って後、打ち勝つ。すなわち、打って勝つのではなく、攻めて打たず、溜めて相手の心を動かし、勝って打つのであります。また、攻めて直ぐ打ってしまうのは、「溜めなし」といいます。

「溜めのない剣道は、『格』がない。構える、攻める、溜める、そして勝って後、打つ。これ『溜め』なり。剣道の『位』なり。」といったところでしょうか。

3. 基本通り打つ

昔、京都大会における範士の立ち合いでの「担《かつ》ぎ小手」を見て、「京都まで来て、担ぎたいのかね。」と、嘆息した人がいたそうです。やはり範士になっても打ちたい、勝ちたい、そのためにはフェイントをかけ、騙《だま》し打ちをしてしまいます。

私はどんな時でも、どんな相手にも、「ああしたい、こうしたい。」と思う心を全て捨て去り、基本通りに打つことを心掛けています。そして、無為自然に思わず打つ技が、基本通りのものとなることを求めて稽古を続けております。

「技から道へ」、「格より出で、悟りへ入る」と、願いつつ稽古をしております。ここに剣道の美しさ、気高さが極まると考えるからであります。

剣道から、無理、無駄、無法な余分なものを全て削り取る。何時でも、何処でも、誰に対しても基本通りに打つことを心掛けて修行してまいりたいと思います。

「基本に戻るということは、『自我を捨てる』ことなり。これ『無心の打ち』なり。剣道の『悟り』なり。」といったところでしょうか。

4．まとめ

「構え方」、「打つまでの心の持ち様」、そして「打ち方」という基本的な動作の過程においての心掛けを述べてみました。ここでは具体的なことには触れず、精神的なことばかりを述べています。

「気品」を保つための「涼しい構え」、「格・位」を感じさせる「溜め」、そして「自我を捨てた基本通りの打ち」を心掛けてまいりたいものです。

禅の世界では、毎日繰り返し座禅を組むこと、毎日同じ修行、生活を繰り返すことを「平常《びょうじょう》心《しん》是《ぜ》道《どう》」と表現しております。

剣道においても、毎日毎日同じことの繰り返しの稽古の中から見えてくるものがあります。日々「涼しい構え」、「溜め」、そして「基本通りの打ち」という心掛けを大切に修行を続けてまいりましょう。

次章からはそれらの動作をさらに細分し、それぞれにつき説明してまいります。

第二章　構え

蹲踞から堂々とたちあがり、相手と背比べをする様に、そのまま堂々と構えます。頭を天上に突き上げる様にすれば、自然と腰は伸び、正しい姿勢になります。操り人形のように頭を真上から吊られた姿勢、これが最も高く、美しい姿勢であります。相手の背がどんなに高くても、相手の全体を見下ろすように構えます。剣道は背比べといいます。常に相手を上から眺める気を養いましょう。

構えの向きは「不離五向」であります。「目」、「剣先」、「臍」、「爪先」、そして「心」の五つを全て相手に対して真直ぐに構えることが原則です。

1．足の使い

いつでも初太刀の面に飛び込む気構えで、左踵《かかと》は高めにし、左膕《ひかがみ》をしっかり伸ばし、体重を六分その左足に乗せます。

右膝は僅かに緩め、軽く曲げ、左足を蹴って打ち出す時はこの膝を相手にぶつけるように突き出します。

右足の裏は先端部のみ軽く地に着き、右足の踵は地に着くか着かぬくらいの地に触れる程度とし、決して全ての体重を乗せてはいけません。

左足が外を向いていると、遠くへ飛べず、また剣道そのものの上達の疎外となります。意識して直すように心掛けましょう。

両足は平行にし、前後を開きすぎず、爪先は相手に真直ぐ向けておきます。両足とも「足の裏で呼吸をする」ように足先で踵をバネの様に支えます。

稽古でも、試合のときでも、足を前後させてリズムをとる人が多くみられます。これは自分の体、心のリズムを相手に見せていることになります。私はこのリズムを捉えて打ち込み、また引き出して出端を打つようにしています。このリズムは無意識に行われているようですが、決して感心した動作ではありません。意識して直すようにしましょう。

剣道が美しく見えるのは、打突の直前まで剣先および上半身が動かず、また相手の技を捌く時でも上半身は動かさず、伸びた足だけが氷の上を滑るように動いている時であります。足捌きの修錬は美しい剣道を求めるには大変重要です。

2. 両手の握り

美しく構えるには、竹刀の両手の握りが重要です。左右の手とも親指と人差し指の岐かれ目が柄《つか》の真上にくるようにし、左拳は臍から一拳程度は離して持ちます。

左手は柄頭が小指の半ばにかかるようにし、左右の手とも握りの強さは、小指、薬指、中指の順で、人差し指および親指は添えるようにします。特に親指は左右とも中指の先に軽く載せ、指先を下に向けます。「卵を握るように」あまり強く握りしめないようにしましょう。また、右手人差し指先を相手の咽元に付ける気持ちで、右手よりも左手の方を僅かに強く握ると良いでしょう。

3. 気勢

孔雀が両翼を拡げた気持ちで、相手を威圧するように気を送り続けます。決して剣先のみで攻めないようにしましょう。

前編の第三章「充実した気勢」に詳しく述べましたが、風船をどんどん膨らませていって、「もうそれ以上膨らませたら割れる。あ、危ない、怖い。」という今にも破裂しそうな風船を、堂々と構えた両手に乗せ、相手の竹刀の先に付いた針にゆっくり近づけ、その風船の破裂を懼れて相手が思わず竹刀を持つ手を引っ込めさせるような，気勢が欲しいところです。

気勢は呼吸の用い方の一つとも考えられます。肩で息をすれば、気力、体力、さらには心まで見抜かれます。またそのリズムを盗まれ、打たれたり、引き出されることとなるでしょう。

切り返し、掛稽古を十分に積み、その中から呼吸法を自得し、乱れぬ呼吸、さらには充実した気勢を発揮できるよう鍛錬いたしましょう。

4．目付

前編の「目付」において詳しく述べましたが、「観」、「見」、および「移り」の目付があります。

「観」とは、相手が何をしたいのか、どこを打ちたいのかを察することであり、「見」とは、その「打ちたい」から「打ち出す」時の相手の目、剣尖、拳、および爪先等の形となって現れ始める発動の刹那を視ることであります。

この「観」と「見」は切り離して考えるものではなく、一連のものとして捉えるべきものと考え、相手のどこを打ちたいという意志が動作となって表れるまでの「移り」を「観」から「見」の「移り」として捉えます。大切なのは自分も「観」で知り、「見」に応じて「打突」という行動に「移る」ことであります。

自分の目は半眼とし、相手に自分の心を覗かせない、逆に相手の目の中を覗き込んで何をしたいかを探る位の気持ちになりましょう。先ずは自分の目線を相手の目鼻の中心に置き、頭上から足先までの全体を見るようにします。特に自分が打ちたい部位に目線を持っていかないようにしましょう。

この「目」をしっかり相手に向けるためには、顎を引き、首筋を真直ぐにしなければなりません。私は目というよりも、「肚で見る」という気持ちで稽古をしております。

5. 剣先

中段の構えの場合、「剣先」の付け所により、星眼（額）、晴眼（眉間）、青眼（左目）、正眼（咽頭）、臍眼（臍）と上から水平まであります。各人各様の構えがあると思いますが、剣先をしっかり向けるためには、竹刀の両手の握りが重要です。刀や竹刀には表と裏があります。正眼に構えて左側（帯刀時の外側）を表、右側（帯刀時の内側）を裏といいます。剣先が触れる程度の間合で、剣先を右手人差指の様に使い、剣先で表・裏を心で探り、充分にお互い同士の会話を楽しむようにしたいものです。

稽古でも、試合のときでも、剣先を上下させてリズムをとる人が多くみられます。これは足の前後と同様、特に自分の心のリズムを相手に見せていることになります。私はこのリズムを捉えて打ち込み、また引き出して出端を打つようにしています。このリズムは無意識に行われているようですが、決して感心される動作ではありません。意識して直すようにしましょう。

私は剣先を「中墨を取る」ようにし、相手の中心、喉元に合わせ、この中心から外さないように心がけて稽古をしております。

6．間合

剣道では、「間」と「間合」という言葉がよく使われます。いろいろな意見もありますが、ここでは、「間は時間」、「間合は距離」を表す言葉とします。

剣先が触れ合う程度の間合を「触刃の間」、また、一足一刀の間合を「交刃の間」と呼び、一般的には一足一刀の間合より遠い間合を「遠間《とおま》」、近い間合を「近間《ちかま》」と呼び、一足一刀の間合を「中間《ちゅうま》」、「打ち間」と呼ぶこともあります。

触刃の間から交刃の間（一足一刀の間合）の一寸手前までに、自分で詰めることができれば「攻め」となり、自分から相手を引き出せれば「誘い」となります。

交刃の間（一足一刀の間合）の一寸手前、すなわち「溜め」の間合では、攻めて直ぐ打ちを出さないようにします。直ぐ打ってしまうと「溜めがない」といわれます。相手に緊張が走り、打つの「う」の字が見えたら、間髪入れず交刃の間に入り、相手が動こうとする「う」の字に飛び込みます。

交刃の間は打たねばならない間合であります。交刃の間よりもさらに間合に入ってから、打ちを出している人を多く見かけますが、無駄打ちをしているだけで決して美しいとは感じられません。間の良さや手の内の効きが余程ない限り、見事な一本にはなりません。

交刃の間といっても人の体格や足のバネの強さによってそれぞれ違いはありますが、左足を蹴り、右手が伸びて打った瞬間、竹刀の打突部が相手の打突部位に正確に打突していれば、見事な一本であります。

堂々とした構えのまま、この触刃の間から交刃の間の直前まで必要な時間をかけて「詰め」、交刃の間の直前で「溜め」、「打突の機」に間髪を入れず交刃の間に入り、思い切り打ち込むことが剣道の醍醐味であります。

また、剣道には「見切り」の間合があります。相手に打ち込まれても一寸の間合を空け、相手の太刀先を当てさせない間合であり、これも剣道では大切な間合であります。

先ずもって自分の間合を知ることが肝要です。

7. まとめ

ここでは蹲踞から立ち上がり、構え、間合を詰め、そして打ち込むまでの足、握り、気勢、目付、剣先、および間合の使い方について述べてきました。

大切なのは、相手に対峙《たいじ》して、怯えずに構えきれるかということです。安易に打ってしまうのは攻めではなく怖さの現れに他なりません。

先ずは「堂々と構える」ということであります。そのためには、簡単に触刃の間から中に入らないことです。自分も打てませんが、相手からも届かず、打たれない見切りの間合を保つことです。「堂々と構える」とは、相手よりも大きく構えるということです。剣道では、よく背比べをするといいます。触刃の間で相手と背比べをして、相手を上から見下ろすのです。これは、気の持ちようですから、相手がどんなに背が高くても可能であり、これができなければ相手に対し「主」となれず、もはや勝負になりません。常に左足膕を伸ばし、頭を天井に突き出すように構えることが肝要です。

この「構える」ということは自分の城を持つということであり、全ての始まりです。それぞれ大切な項目であり、その意味合いを十分に理解し、美しい剣道の礎《いしずえ》にしていただきたいと思います。

第三章　竹刀の振り

剣道が見事な有効打突の一本を打突することを目標として修行する武道であるならば、姿勢を正し、竹刀は刃筋正しく振る練習が必要です。ともかく千回、万回と竹刀を振り、常に刃筋正しく正確に打突部位に打突できるようになるまで繰り返さなければなりません。

「打突」のうち「突き」に関しては、竹刀の先端の軌跡が点と点を結んだ「線」となっております。よく少年剣道に見られる刺し面、刺し小手は、感心できません。やはり、振って竹刀の軌跡に「面」を感じさせて斬るのであります。

素振りや切り返しは剣道の基本でありますす。その鍛錬を重ねて初めて、剣道の上達が期待されます。また、上級者でも「基本に返る」といい、基本の大切さを述べておられます。

基本通りに竹刀を振り、竹刀の軌跡に「面」を感じさせるように打つことは、美しい剣道を求めていく上で大切なことであります。

1．素振り

この素振りは、姿勢、目付、間合、振りかぶり、振り下ろし、掛け声、呼吸、肩甲骨の使い、手の内、足の使い等、剣道を学ぶ上で最も基本となる稽古法です。初心者はこの素振りの基本から始めます。

素振りにおいて竹刀を振りながら、足捌きも練習しましょう。前後、左右、斜めと、上半身を揺らさずに竹刀を振りましょう。足捌きは、動く側にある足を先に動かし、後ろ足を引き付けるのを原則とします。千鳥足で捌くのは不安定な姿勢となります。

跳躍《ちょうやく》素振りにおいては、打って前に出たとき、下がって振りかぶったときに、先に着地した足の後に続く足もきちんと着地させて、継ぎ足の練習としてください。

打突部位が正面であれば、構えた手の形のまま振りかぶり、その手の形のまま振り下ろします。柄を持つ両手の親指と人差し指の岐かれ目が鼻筋を通るように振りかぶれば、頭の後ろの切先は体の中心にあります。左拳の位置が相手の面が見える付近まで振りかぶったら、そのまま振り下ろす。止める瞬間は右手が押し手、左が引手でいわゆる茶巾《ちゃきん》絞りの手の内で軽く締めます。

竹刀を振るばかりではなく、木刀、刃引き刀を振ることも大切です。特に真直ぐに振りかぶれたか、刃筋正しく振り下ろせたか、打ち終わったときに手の内がブレずに止めることができたかを鏡を見ながら、またはビデオを見て、確認してください。

刃引き刀は、刃は斬れぬものの、切先は間違えば人を怪我させる可能性があります。また、重量も1kg以上と竹刀の二倍もあります。素振りをするときは扱う者も真剣にならざるを得ません。この真剣さをもって刃筋、手の内を効かせることができるようになってください。また、普段から刃引き刀柄部の目釘等の点検をきちんと行い安全に取り扱ってください。

2. 打撃力

打撃力は、「竹刀の重さ」×「スピードの二乗」ですから、竹刀を振り下ろすスピードが二倍であれば打撃力は四倍に、三倍であれば打撃力は九倍になります。この竹刀のスピードが打突時の冴《さ》えとなります。また、女子剣道の様に男子よりも軽い竹刀を握る場合、このスピードが打突の強さを高めます。

この竹刀のスピードは斬れ味として美しさの一つになります。

3. 肩甲骨の使い

素振りの場合、構えた手の形のまま左拳がおでこの上まで振りかぶり、その手の形のまま振り下ろすのが原則です。悪い例で、振り上げた右手がおでこの前、柄を持った左手は顔のさらに前方にあるような素振りが見られます。これでは肩甲骨《けんこうこつ》を使った素振りにはなっていません。素振りはこの肩甲骨を使わなければ、意味がありません。大空を高く飛翔する鳥は肩甲骨を十二分に使って羽ばたきます。肩甲骨を使わなかった鳥は、地を這う鳥や鶏になってしまいました。剣道でも十分に肩甲骨を使って振りかぶり、大空を羽ばたきましょう。

4. 気剣体の一致

素振りでは「気剣体の一致」ということも学べます。

相手は自分と同程度の体格と想定するようにしましょう。先ずはしっかり構え、目を付けます。振りかぶって左拳がおでこの上に来たら、左足で自分の腰、右膝を押します。左拳の下に腰（身体）が入ったとたんに諸手で振り下ろします。切先は鞭の先の「〜」のようなしなりをもって「∞」の字を描き打突部位をめがけて振り下ろされます。右足は左足に押されて爪先からすり足で踏み込みます。掛け声は振り下ろすと同時に掛け始め、振り下ろした瞬間に最大の声となるようにしてください。左足も自然と引き付けられます。振りかぶりと同時に右足が出る人を見かけますが、振りかぶりが先です。左拳がおでこの上に来て初めて、左足で腰を押され、右足も押されて出てくるのです。引き付ける左足を床に引きずってはいけません。打ち終わった後に掛け声を出す人も見かけますが、気剣体の一致にはなりません。

5. 切り返し

この切り返しでは、打突時の姿勢、目付、間合、振りかぶり、振り下ろし、掛け声、呼吸、肩甲骨の使い、手の内、足の使い等、剣道の基本となる稽古法です。特に初心者の稽古にはかかせぬものであり、剣道具を着けたばかりの者には、それに慣れる稽古法にもなります。また、上級者でも、稽古前の準備体操にもなり、打突時の姿勢等の矯正にも必要であります。旧武道専門学校では、二年間はこの切り返しを徹底的に練習させられたとのことです。

始めに正面に飛び込み、体当たりで元立ちとの間合を取り、竹刀の打突部で左右の面を繰り返し打突し、最後にまた正面を打ってすり足で相手の立ち位置より遠くで振り返り残心を示して終わります。

左右の面を打つ順番は、一般には相手の左面を打つことから始め、前に進みながら五本目の左面を打ち、六本目の右面から下がりながらの十一本目の左面で終わります。これらの本数は何本でも良いのですが、相手の左面から始まり最後も左面で終わるようにしましょう。

直接相手の左右の面を打つのもありますが、相手が竹刀を立てて受ける場合がほとんどです。これは直接面に当たるとその衝撃が相手の脳を傷めることがあり、特に高齢の方は竹刀で受けるようにしていただきたい。竹刀を立てて受ける場合、切り返す竹刀の打突部で打たせ、その打突の力を吸収するのではなく、相手の手の内が自然と次の打突に繋がるように切り落とし、自分も同時に手の内を鍛えるようにしましょう。

切り返しの角度が小さく、正面打ちとほとんど変わらぬような切り返しを見かけることがあります。左右の面の打ち込む角度は30°から45°として、手の内の返しの鍛錬をしてください。左右の胴の切り返しを鍛錬してみるのも良いと思われます。

6. まとめ

一本一本の素振り、連続した切り返しを何千回、何万回と繰り返し、剣道の基本ができてまいります。素振りや切り返しは剣道の基本であります。旧武道専門学校では、二年間はこの切り返しを徹底的に練習させられたとのことです。だから立派な剣道家がたくさん生まれたのでしょう。

剣道が見事な有効打突の一本を打突することを目標として修行する武道であるならば、姿勢を正し、竹刀は刃筋正しく振り、刃筋正しく打突部位に正確に打突できるようになるまで繰り返し練習しなければなりません。また、角度の大きな左右面とし、手の内の返しの鍛錬もしてください。

居合いの美しさは、刃の軌跡がぶれることのない「面」を感じさせるところにあります。竹刀の軌跡に「面」を感じさせるように振りかぶった打突は美しく感じるものであります。

「構える」ということに続き、「竹刀を振る」ということを述べてまいりました。上級者でも、「基本に始まり基本に終わる」といいます。この段階をしっかり鍛錬し、次章からの「先をとる」、「打突の機会」、「いつ打つか」に繋げてまいりましょう。

第四章　先をとる

普段、私は学生に対し、「先をとり自分の流れをつくり、相手を引き出してその出端を打て」と、教えています。学生の大会で有効打突となる技の80％近くは出頭面および出小手であり、その打突の機会は、相手を引き出した時の出端であります。この「相手を引き出す」ために相対の流れをつくらねばなりません。その流れも自分の創りだした流れでなければ、相手を引き出せません。この自分の流れを創りだすために「先をとる」、「先を懸ける」ことが必要になります。

なにも試合をするために剣道をするわけではありませんが、普段の稽古の中で、常に先をとり、相手に先んじて自分の流れをつくる様に心がけることは、剣道上達の要となり、これからの修行に取り入れていただきたいと考えます。

古来より「先」についての解釈もいろいろありますが、剣道における先は、「先」と「後の先」にわけられ、自分が先に打ちに出る場合が「先」で、相手が打った後に打って出る場合が「後の先」といわれております。

しかし、高野佐三郎先生は、相手の起こりが形に表れるまでの兆しを見抜いて打ちを出し機先を制するのを「先々の先」ともいわれており、私もこれも大切な「先」の一つと考えますが、形として動き出す前の「心の先」と考えております。

試合上手な人は、常に「先々の先」の気持ちを持ち、上手に「打突の機会」をつくり、その機を捉えているからこそできることであります。

この章では、「先」の考え方、用い方について私なりの考え方を述べてみます。

1．先々の先

「相手も先に打ちたい、我も先に打ちたい」、このお互いの先の取りあいにおける「心の先」を、「先々の先」と呼ぶこととします。これは、まだ動作として形に現れる前の心の状態です。すなわち、間合の位置はまだ触刃の間であり、堂々と涼しい構えをとっている状態です。「先々の先」を意識し、心構えとしては相手の「剣を殺し、技を殺し、気を殺す」という「三殺法」の気持ちを秘めておきます。

さあ、ここから間合の詰めに入ります。ゆっくり1㎜ずつ進みます。いわゆるジワリという感じで、「先々の先」の心構えのまま、ゆっくり間合を詰めます。これが「攻め」です。

一足一刀の間合の一寸手前でその心構えを維持したままピタッと詰めを止めます。

ここから「溜め」に入ります。「溜め」の場も「先々の先」の心構えのままでありま す。大切なことは、自分から「先々の先」の気持ちでここまで持っていくことです。

また、相手がこの「溜め」までに不用意に飛び込んでくるようなことがあれば、この間合ですから、すりあげ、応じ返し、抜き、切り落とし等と自由自在に応じることができます。

2. 三つの先

「先」には、古来「三つの先」と呼ばれる技を出す機会を表現した言葉があり、いろいろな解釈または考え方で説明されております。私はそれらの考え方とは若干異なるかもしれませんが、「三つの先」を、自分の打突が相手の技よりも「先か、同時か、後か」という三つの打突の機会として捉え、「先の先」、「対《たい》の先」、および「後の先」と呼ぶことにします。いずれの場合も、「溜め」の状態から打突の状態へ爆発的に移行する中で技を出す機会を表現したものであり、打突の結果として相対的な位置がどのような状態であるのかも示してみます。

それでは次項から「三つの先」について、それぞれ説明します。

3. 先の先

相手のまだ起こる前にこちらから攻め込んで打突する先であります。すなわち、相手の虚をつき、飛び込んで決まった面のような技は、「先の先」の技とします。

相手はそのままの位置か、後退した状態となっております。

この「先の先」の技は、特に昇段審査における「初太刀の面」、および「仕上げの面」として打たなければならない飛び込み面に代表されるものであります。

4. 対の先

相手も出、こちらも出て打つ間に打突する先であります。すなわち、相手の面を誘い、その出頭面、または出小手で決まったような技は、「対の先」の技とします。

双方が共に前に出た状態の中で、一方が相手の技を相打ち、出端技で決めることとなります。

この「対の先」の出端面も、昇段審査における「初太刀の面」で見せ場になります。

5. 後の先

相手が技を打ち終わった後に打突する「先」であります。すなわち、「木刀による基本技の胴打ち落とし面」や、「剣道形五本目の面すりあげ面」のように、相手の技に対し下がりながら応じた後、打突して決まったような技は、「後の先」の技とします。

しかし、「後の先」とはいいながら、気持ちは「先々の先」の心構えであり、相手の出る動きに合わせて応じ、反撃して前に出て打つことが重要で、すり上げ技、応じ返し、抜き技、切り落とし等の技で決めることとなります。また相手の打ちが強く、相手の技の尽きるのを待って打つ場合などにも使われ、相手の技を見切る余裕、また、その「眼」が必要です。

この「後の先」の技は、特に昇段審査における中盤で見せなければならない「理合のある応じ技」に代表されるものであります。

しかし、初太刀にこの「後の先」の技は、高段者の昇段審査においてはあまり使わないほうがよろしいかと考えます。それは、審査員には「初太刀は面、ここで打って欲しい」というツボがあり、「後の先」は初太刀のツボと考えている方はいません。やはり、応じるよりは一歩前に出て飛び込み面、出端面で打突して欲しいのです。

6. 流れを創る

冒頭で述べた「先をとり自分の流れをつくり、相手を引き出してその出端を打て」ということについて説明しましょう。

先ず後半に書かれた「相手を引き出してその出端を打て」とは、まさに「対の先」の出端技で仕留めろということであります。

両者が互角の力では、「先の先」で相手を仕留めることは非常に難しいものです。力の差がある場合か、よほど相手がうっかりした時でないと、飛び込み面等は打たせてくれません。大学生の大会でも、結果的にその有功打突のほとんどが出端技になっています。また、その出端技も基本練習で行うような一本技ではなく、「お互いの連続した打ちあいの中」から出端の機会を上手に捉えた上で打っております。

そこでこの「お互いの連続した打ちあいの中」という場での作業として、前半に書かれた「先をとり自分の流れをつくり」が必要になってきます。

「お互いの連続した打ちあいの中」を、二人の二点を軸とした楕円の渦の流れと考えましょう。その渦をつくるためには自分が「主」とならなければなりません。そのために相手に先がけて自分が仕掛けるのです。

「先の先」の面や小手面と、例え当たらなくとも自分から仕掛けて打ち込み、相手が負けずに打ち返してくるように仕向けながら、先をとり続けるのです。お互いに連続して打ちあいながらも、打ちあいの渦の中から出端の機会を狙い、相手を引き出し、「対の先」の出端面や出小手に飛び込むのです。

例え、審判の「止め」の声がかかり、両者が一旦開始線に戻ろうとも、自分の気構えはその渦の中に居り、相手の心の揺れを読み、開始とともに引き続きその渦の流れをつくり続けます。

この渦の中から相手を引き出した後にその出端技を狙うには、「眼」が大切となります。

芸事の世界では、二割程度のゆとりを持たねばならないといわれております。例えば、歌舞伎役者はその役に一所懸命になっているようでは誰も見てくれないそうです。お客を背中で泣かせても、裏で舌を出している位のゆとりを持ってお客の反応を見れる様でければ一流とは云われないとのことです。

剣道でも同様で、その眼を生かすには、この渦の中であっても二割程度のゆとりが必要となります。剣道で云う「良く見える」ということです。やはり、相手から目を離してはいけません。一瞬離れても心は相手の心や動きを追わなくてはなりません。例え、これができる人が名人であり、これができるように修行を積むことが肝要と考えます。

7. まとめ

「三つの先」ということについて述べましたが、普段誰と稽古するにあたっても、心構えとしては「先々の先」で稽古をするようにいたしましょう。「先の先」の気持ちで打ち込む面、また「対の先」で打つ出端面においても、ジワリと「間合を詰め」、あわてずに、十分に「溜め」てから打ち込んでください。また、常に「先をとり自分の流れをつくる」様に心がけ、「相手を引き出してその出端を打つ」修行をしてまいりましょう。

第五章　打突の機会

一般に打突の機会として、「三つの許さぬところ」という打突の好機が言われます。「起こり頭」、「受け止めたところ」、そして「技の尽きたところ」であります。その他にも、「居ついたところ」、「引くところ」、「心が乱れたところ」、さらには「実を失い虚になったところ」等も打突の好機と言われております。

この章では、「打突時の機会」の捉え方、つくり方について考えてみます。

1. 機を見て打つ

ここでの「機を見る」とは、剣道形の師弟間の「機を見て打つ」とは違います。

ここでは、相手と立ち合い、打ちたいと思う気持ちがお互いに生じた時に表れる「打ち出す直前の雰囲気」、すなわち相手の「打突の機」を捉えて打つことであります。だから、相手の打とうとする直前への「飛び込み面」、「出小手」、または「抜き胴」というような打突となります。

「先々の先」の一瞬の「機」でありますから、この「機」の捉え方を間違えると、逆に打たれることになります。

構えて触刃から交刃までの「攻め」と「溜め」の中で、片時も気を許さず、瞬きも我慢して「機を見て打つ」ことが肝要です。

2．機をつくって打つ

「機を見て打つ」ばかりではいけません。自分から相手への「打突の機」をつくり、その「機を見て打つ」のであります。

試合の上手な人は、この「機をつくって打つ」ことの上手な人であります。機をつくられるとその出端を打ちたくなります。そこで出れば相手の思う壺ですから、出端をうたれます。だから打たないように我慢します。しかし、何回か機をつくられると、我慢ができなくなって打って出てしまいます。これは、「打たされた」ということになり、この出端を確実に捕らえられたことになります。

自分から「機をつくって打つ」よう心掛けて、稽古を積んでいきましょう。

3. 機の兆しを打つ

「機を見て打つ」ことを何千回、何万回と繰り返していると、「機」の前に表れる「兆し」のようなものが感じられるようになれます。表れ方は各人各様ですが、この「機の兆しを打つ」と、相手は「えっ」と一様にびっくりしたような顔をします。すなわち、まだ打ってくるとは思わなかった様です。だから、未だ相手の竹刀は構えたままの状態です。

打つ気を見せれば、相手も反応します。だから、こちらからは、打つ気を発しない様にするのです。気を発せずに打てる間合までソッと詰めておきます。ここで、ただ打っていってはいけません。相手が、「おや、変だな。もうそろそろ打ち合いの開始かな。」と感じ、こちらの心を探ろうと、「目付」、「剣先」等の位置を確認し、さて「打とう」かなと思う刹那に飛び込むのです。

打つ部位は、面のみです。先に一足一刀の間合に入り、左足の引付をしておき、送り足をせず打ちます。打ち出す前に剣先等を動かし、色を見せてはいけません。一の太刀で、すっと相手の心の隙に入っていくのです。また、刺し面ではいけません。振りかぶり、手の内を返して斬りにいくのです。「兆し」の表れ方は各人各様で、何回か失敗もします。それが「誘い」であったこともあり、見事に胴を抜かれたこともあります。しかし、「機を見て打つ」ことを繰り返しながら、必ずその前に現れる「兆し」を意識し、その「兆しを打つ」ことも修行しましょう。

4．まとめ

触刃から交刃の間合、この約十センチの攻防が「剣道」といえるかもしれません。構えて触刃から交刃までの「攻め」と「溜め」の中で、片時も気を許さず、瞬きも我慢して、上記「三つの機」を捉えることができたかが肝要です。自分から先をかけていたか、応じ技で打たれることを懼れていなかったかを反省しながら修行してまいりましょう。

第六章　「いつ打つか」ということ

前章までに、構える、そして打突の機会を捉えるまでを述べてまいりました。いよいよ「いつ打つか」であります。

触刃の間から交刃の間に詰めます。この約十センチの攻防の間に、「いつ打つか」を決定します。最も重要なのは、交刃の間の一寸手前での「溜め」です。

孔雀が両翼を拡げた気持ちで、相手を威圧するように気を送り続けます。ただし、こちらから攻めるだけでは、相手が守り、または逃げてしまっては、打突は適いません。

相手にも攻めさせます。相手になにくそ負けるものか、自分だって打てるぞと思わせ、相手を引き出すことが、「いつ打つか」を決定するポイントとなります。

この章では、構え、攻め、溜め、そして「いつ打つか」について述べたいと思います。

1. 攻めから溜め

「三位《さんみ》の格《かく》」については、前章の「不立文字のいくつか」で詳しく解説いたしましたが、「三位の格」とは、構え、打突、残心の三段階を、「露の位」、「石火の位」、および「梵鐘の位」という言葉で表現した教えであります。

このうちの「露の位」とは、例えば蓮の葉に付いた幾つもの小さな朝露が、柔らかい風にゆられてコロコロと転がり、次第に一カ所に集まり重くなって葉が支えきれなくなり、とうとうポロッと葉からこぼれ落ちる直前までの状態であります。すなわち、打ち出すまでの慌てず堂々とした涼しい姿勢、およびその心の持ちようであります。「三位の格」の内、最も重要であり、時間をかける必要があるのがこの「露の位」であります。

「構える」、「攻める」、「溜める」、「打つ」、「残心」という五つの過程に考えた場合、この「露の位」の段階は、「構える」、「攻める」、「溜める」の前三段階の過程を表しております。

「溜める」から「打つ」への移行の過程が「石火の位」の段階で、「いつ打つか」の「打つ」にあたります。

次項からは、「露の位」を「一の攻め」および「二の攻め」に分解し、「石火の位」を「三の攻め」として「いつ打つか」を解説します。

2. 一の攻め

「一の攻め」とは、「構え」から「攻め」の過程である最初の攻めであります。先ず堂々とした「涼しい構え」をとります。この時は、触刃の間合であります。相手と背比べをして、相手を上から「観」の目で時間をかけて見下ろします。ここでもお互いに「構え」で「格」の勝負をしているのだと意識してください。

堂々と構えた後は「攻め」に入ります。堂々と構えたまま、ゆっくり間合を詰めます。孔雀が両翼を拡げた気持ちで、相手を威圧するように気を送り続けます。けっして剣先のみで攻めてはいけません。

ゆっくり時間をかけ、後足で腰、充実した気勢、および左足を引き付けながら交刃の間（一足一刀の間合）の一寸程手前まで進め、停止します。この間合では、ここで面を打っても相手のおでこを擦《こす》る程度の距離であり、相手に打たれても同じ「見切り」の場所です。

ここまでの攻めが「一の攻め」です。

攻めすぎると打たなくてはならない交刃の間まで入ってしまうので、攻めすぎないことが肝要です。相手も苦しくなって、仕掛けるまねをしたりしてきますが、未だ打たれても届かない間ですので、打ってもきませんし、こちらも知らん振りをしていればよいのです。また、無理に打ってくるのであれば、すり上げ技、応じ返し技で対応すればよいのです。ただし、「攻めの気」という風は、常に相手に送り続けなければいけません。

3. 二の攻め

「二の攻め」とは、「溜め」の場での「攻め」であります。この打たなければならない交刃の間の僅か一寸ほど手前の間合での攻めを「二の攻め」という言葉で表現します。理合、すなわち相手の先を読む「構え」と「心の攻防」の非常に緊張した場での攻めを名付けたものであります。

「一の攻め」から直ちに打突に入ってはいけません。「溜めがない」ということになります。この世界は、充実した気勢を持って我慢する「心の攻め」の間であり、「攻めて打たない」場面です。今にも破裂しそうな風船を、堂々と構えた両手に乗せ、相手の竹刀の先に付いた針にゆっくり近づけ、破裂を懼れて相手が思わず竹刀を持つ手を引っ込めさせるような気を発します。この世界は、相手が何をしたいのか、相手の考えの先を読む最終の「理合の間」であります。

4. 三の攻め

さあ、いよいよ「いつ打つか」になりました。いよいよ交刃の間の一寸手前から瞬時に一足一刀の間合に入り、力強く打ちに飛び込みます。これが「石火の位」である「三の攻め」であり、この「溜め」から「打つ」までの移行の過程の「攻め」です。

ここで重要なのは、「溜め」の時点で相手がどのような気持ちにあるかということです。相手が逃げの気にあれば足も逃げの状態になっているため、交刃の間に入って飛び込んでも、間を切られて届きません。そこで、相手に、「これから面に飛び込みますから、その出端を打ったらいかがでしょう。」と、問い掛けるように気の風をわずかに緩めるのです。すると、相手は、「ようし……」と、出端を打つ気になるとともに、体も足も逃げから打ちの状態になり、重心が後方から前方に変わります。すなわち、相手からも交刃の間に近づけさせるのです。重心が前方に移ると、相手も簡単に逃げるための間を切ることができなくなります。

ここからもう一度「攻めの気」をゆっくり強くしていきます。簡単には打っていきません。相手が、「いつくるんだ……」と、いらつき出すまで待ち、構えにピクリと微妙な変化がでるまで溜めることが必要です。相手に緊張が走り、動こう、打とうとする「う」の字が「見」え始めます。

この機が「打つ機」であります。交刃の間の一寸手前から瞬時に交刃の間に入り、一足一刀で相手の「打つ」の「う」の字に飛び込み、一瞬で斬り下げます。

交刃の間に入る途中で、相手が苦しくなって出てくればしめたもので、出端、応じ技等、自由自在に打てばよいのです。出てこなければ、瞬時に交刃の間に入り、無心に飛び込めばいいのです。

打突部位は面です。先ずは面が基本通りに打てなければなりません。ここで打てたか否かで、自分が相手にどれだけの「威」を与えたかを評価し、次の修行に取り入れていきましょう。

剣道では、「溜め」という静（構え）から「打つ」という動までの爆発的移行が、

「いつ打つか」という最も重要なテーマであり、打つ間、打つ間合が理にかなっていれば美しいのです。

5. 残心

「三位の格」の最後、「梵鐘の位」であります。

全力で打った後、無心で打った後には自然と残心がとれているといいます。鐘の音の残照のようなものでしょう。

私は、「残心とは打った心を暫しそのまま」と教わりました。なかなか当を得た言葉と思います。また、力強く打ち握りしめた手の内を一瞬緩めると残心となります。「手の内に残心あり」などといって、打った後の両手が伸びた美しい形になるといいます。手の内の大切さを説いたものでしょう。

一般には、打った後、突いた後に、油断せず、相手の反撃に対応できる「身構え」と「気構え」をいいます。打った後に引き揚げたり、敵に後ろを見せたり、敵から目を離したりするのは、「残心がない」とされます。まして勝ちを示す動作など、剣道にあってはならない行為であり、戒めるべきと思います。

よく見かける光景に、面を打った後に両手を上げて万歳の格好をとる人がありま す。これもみっともない行為としてやめなければいけません。せいぜい小中学生の 内に無くしておきたいものです。

ガッツポーズをとるのがスポーツで、とらないのが武道であると言われておりま す。しかし、残念なことに、柔道ではしょっちゅうこのガッツポーズが見られ、抱 き合ったりする光景まであります。これは柔道が最早武道ではなくなってきている とも言えそうです。

ともかく美しい剣道を求めるには、この残心のある姿勢が不可欠です。

6. まとめ

「三位の格」である、「露の位、石火の位、梵鐘の位」を、「構える」、「攻める」、「溜める」、「打つ」、「残心」という五つの過程に分解し、「いつ打つか」について検討しました。最も大切な「溜める」から「打つ」の段階を完璧なものにし、美しい見事な有効打突の一本を取ることが剣道の醍醐味です。この一本を打つために修行しているといってもいいくらいです。

普段の稽古で一本打っては反省し、次の一本をより良いものにしていきたいものです。「柳が風に吹かれるように涼しく構え」ていられたか。先をかけていたか。応じ技で逆襲されることを懼れていなかったか。基本通りに打ったか。打った後に、右手は伸びていたか。残心はとれたか。そのためには、「心を動かされぬ剣道」を心掛けるということであります。逆に、こちらの構えの「威」に対して、相手の身体に動き出す箇所があるなら、そこは相手の心であり、相手の心を動かせたこととなります。

どうせ打つなら基本通りに打ちたい。基本通りに打つことは、相手に避けられ、相手に打たす機会を与えることにもなります。しかし、稽古を積むことによって、基本通りでも打てるようになってきます。その時が、「いつ打つか」ということが判ってきたということであります。この「いつ打つか」を考えて稽古するということは、剣道の「深み」や「味わい」を求めること、さらには美しく気高い剣道を求めることにつながると信じております。

第七章　初太刀

裂帛《れっぱく》の気勢と、充実した気剣体の一致をもって、初太刀に相手の面に打ち込む。それは、海岸に襲いかかる大津波のように、また、高い滝の上から真っ逆様に落ちる巌《いわお》のように、重厚で凛とした気迫を感じさせるものでなければなりません。

しかし、これは相手と圧倒的な力量の差がある場合に通ずるものであります。相手と力量が同程度であると、お互いに「打ちたい葛藤」の状態になります。この打ちたいの「う」の字を、相手が強い弱いは関係なく、自分から攻めて打つ。これが剣道の醍醐味でもあります。

また、相手を打つには、実を攻めても打てません。相手の実から虚に変化するところを捉えて打たなければなりません。相手が実であるなら、相手を虚の状態に変えさせて打つのであります。この相手の実を虚に変えることが、剣道の妙味であり、初太刀を生かせるかどうかの分かれ目となります。

剣道では、「竹刀を真剣だと思って稽古すべし」といわれております。すなわち、斬られたら死ぬとの覚悟で稽古をしろということです。ですから、自分が先に打たなければなりません。ここに初太刀の重要さが出てくるのであります。

1. 竹刀の本位

全剣連では、竹刀の本意、礼法、および生涯剣道という三つの柱を、「剣道指導の心構え」として平成十九年三月十四日に制定しました。

第一義の竹刀の本意では、「剣道の正しい伝承と発展のために、剣の理法に基づく竹刀の扱い方の指導に努める。」として、「剣道は、竹刀による『心気力一致』を目指し、自己を創造していく道である。『竹刀という剣』は、相手に向ける剣であると同時に自分に向けられた剣でもある。この修錬を通じて竹刀と心身の一体化を図ることを指導の要点とする。」と解説しております。

ここでは、「竹刀という剣」という言葉で竹刀を表現し、一見凶器とも考えられる竹刀という道具を人間教育における重要な手段として扱ってほしいと願っております。

我々の剣道修行においても、「竹刀という剣」を「真剣」と扱い、一つ一つの稽古が生死を超えた真剣勝負であるという考えに立つべきです。

2. 実を虚に変える

相手と互角の勝負で、相手が実の状態にあるかどうかは、今打って出て一本にする自信が持てるかどうかで判断します。とても打てないと感じたら、相手は実の状態にあります。その時は、相手の竹刀の表、裏を払い、または、抑えて剣を殺すのです。大きな掛け声を発して、相手の気を殺すことも良いでしょう。そのためには、常にこちらから先を懸け、攻め続けておく心構え、身構えが必要です。

相手が実から虚に変化しないのであれば、打つのを我慢しなければなりません。また、自分の気をわざと抜いて、相手にオヤと思わせ、打ちに出させることも良いでしょう。例えば、一刀流の「切り落とし」は、相手が打ちたくて振りかぶり、振り下ろす直前まで我慢して、振り下ろすところを、相打ちで刀もろとも頭上から一瞬に切り落とすものであります。

また、相手が攻防の中で自分から虚に変化することもあるでしょう。しかし、この虚もすぐに実に変化します。

大切なことは、「実から虚への移り」が「打突の機会」になるということです。

仕掛けて実から虚へ移らせて打つこと、また相手の実から虚への移りを見逃さずに打つこと、これらも重要な修行の一つとして考えておきましょう。

3. 初級者の初太刀

攻めて、攻めて、攻めて自分から先に打つこと、相手が強いか、弱いか関係なく初太刀は自分が相手よりも先に打つことが重要です。結果的に当たらなくても自分から打ったか反省しましょう。

自分も打ちたい、相手も打ちたいとお互いがじれている時に、相手の目に変化が現れたと感じたら自分から先に打ちましょう。また、常に「打つぞ」という気で攻め、相手の手元が固くなったな、相手の目が外れたなと感じたら、自分から先に打ちましょう。

正しい姿勢・構えからの打ち込みを心掛け、大きな発声とともに一拍子で打ち切ります。打ち切れれば残心が自ずと余韻として残ります。

初太刀の打突部位は面とし、面一本に全身全霊を込めて打ち込むことが上達の道です。

4．中級者以上の初太刀

相手の実が虚に変化するその機を見て、機先を制して打ち込む。それが、相打ちとなっても、自分から先に打ち出すことが重要であります。例え、応じ返されるのではないかとの懼れが生じても、機を見て無心にその機を打ちにいくことです。竹刀を真剣と考え、斬られたら死ぬと覚悟して、自分が先に打たなければなりません。

初太刀においても、触刃の間から交刃の間の約十センチの攻防の間に、「いつ打つか」を決定します。「先をとり、打突の機を捉え、溜めて、打つ」の過程での心構えは、前章に詳しく述べたとおりです。この「初太刀をとる」ということは「剣道」を凝縮したものであります。

この初太刀を取る修行を続ける内に、相手の機が見えてくるようになります。こちらが初太刀を取り、しかも打突が可能になるのです。

5. まとめ

初太刀における虚実の機の捉え、一足一刀の間合までの詰め、打突時の発声、正しい姿勢・構えから打てたか、打った後の姿勢はどうだったか等々、一つ一つを反省しましょう。

相手との打ちたいという葛藤の中で、自分から打ったのか、打たされたのか、結果的に当たらなくても、全身全霊を込めて打ち切れたか、常に「初太刀をとる」ことを心掛けた修行を重ねることが肝要であります。この「初太刀をとる」ということは「剣道」を凝縮したものであります。

日々の稽古で、竹刀を真剣だと思って稽古しているか、常に「初太刀をとる」ことを心掛けているかを、もう一度自分に問いかけ、さらに自分の剣道に磨きをかけていきましょう。

第八章　打突

全剣連の定める剣道試合・審判規則第12条『有効打突』には、「有効打突は、充実した気勢、適正なる姿勢をもって、竹刀の打突部で打突部位を刃筋正しく打突し、残心のあるものとする。」と規定しています。

「打突」のみに関しては、「竹刀の打突部で打突部位を刃筋正しく打突し」といっております。竹刀で「打つ」ということは、竹刀の振りかぶりから、面、小手、胴の打突部位をめがけて竹刀の打突部を振り下ろすという「面」の動きとなります。また、「突き」では、竹刀の先端の軌跡が点と点を結んだ「線」の動きとなります。

この章では、面、小手、胴、突という基本技を、美しい見事な有効打突の一本として取るためにはどのように「打突」するかを検討します。

1．面打ち

構えから竹刀を振りかぶり、飛び込み面を打突する一連の動作を順に解説します。

① 左足膕を伸ばし、左足に体重を六割程度載せ、右膝は軽く曲げ右足先を軽く地に着いておきます。

②ゆっくり、静かに、息を止めて、瞬きをせずに、一足一刀の間合の一寸手前まで近づき「溜め」ます。攻めすぎないようにします。攻めすぎると一足一刀の間合に入ってしまい、「溜がない」のに打たなければならなくなってしまいます。しかし、一足一刀の間合に入ったときにはいつでも打ち始めるような充実した気勢、体勢をとっておくことが肝要です。

③機を見て、構えた両手の形のまま両手で竹刀を振りかぶり、左拳が目の前を通り過ぎたら直ちに、その拳の下に腰を持って行くように、左足を蹴り、右膝を突き出して飛び込みます。飛び込む距離は、右手を伸ばし、竹刀の打突部が相手の面の打突部位に当たる距離です。

④振りかぶった両手もろとも思い切り振り、竹刀の打突部を相手の面の打突部位に斬りつけます。右手は竹刀の打突部を打突部位に正確に導き、刃筋正しく、ぶれない軌跡を描き、押し手で伸ばします。左手は打突の直前に手前に引付ます。打突の瞬間には一瞬茶巾絞りの要領で両手の手の内を効かせます。

⑤この打突と同時に、突き出された右膝を中心として振り子のように右足爪先から床板を突き刺すように着地します。このとき、着地の瞬間に足の裏と床面と

が水平になれば、足の裏は周辺の空気を抱き込み、空気をショックアブソーバとして踵を痛めないような着地をするとともに、床板との間で良い足音を出させます。

⑥ 竹刀を振り下ろすと同時に「メン」の「メ」の字の掛け声を掛け始め、打突の瞬間に最大の掛け声にさせます。

⑦ 直ちに、左足を引きつけ、両足で摺り足に入ります。

⑧ 右腕は肩の高さで十分に伸ばし、打った姿勢と心でそのまま摺り足を続け、自分の左肩が相手の左肩を通過したら振り返り、残心を示します。

以上の面を打突する過程を美しい姿勢でできるようにしたいものです。

ともかく面を打ちましょう。一足一刀の間合の一寸手前の溜めの間（時間）と間合（距離）の程良さが、審査員が「ここで打って欲しい」と感ずるポイントでもあります。

2．小手打ち

構えから竹刀を振りかぶり、相手の右小手を打突する一連の動作を順に解説します。

①　機を見て、構えた両手の形のまま相手の小手が見える付近まで振りかぶり、その手の形のまま振り下ろします。

②　左足を蹴り、右膝を突き出して相手の右小手に手の内を効かして打ち込みます。飛び込む距離は、右手を伸ばし、竹刀の打突部が相手の右小手の打突部位に当たる距離です。

③　相手の目を見て打ちます。相手の小手を見ると悟られます。

④　相手の剣先の上から小手を打つ場合は振り被りやすいのですが、剣先の下から打つ場合は差し小手になりやすく、一本になりません。やはりここでも剣先の下を潜った後、一旦振りかぶり手の内を効かせて打ち込みましょう。

⑤　右足を前に出して打つのが基本ですが、左に体を開き左足を出して打つこともあります。

⑥ 打突のあと、相手の「突き」を突く気持ちで右手を伸ばし残心をとると、相手の後打ちに対応できます。

小手打ちでは、飛び込む機のつかみ方、左足の送りや引付は面打ちと同様ですが、打突時の振り被りは相手の小手が見える程度と小さく、手の内を使って打ちます。また、飛び込む距離も短くなりますので、その分打突に瞬発力を感じさせることが必要になります。

3. 胴打ち

構えから竹刀を振りかぶり、相手の右胴を打突する一連の動作を順に解説します。

① 機を見て、構えた両手の形のまま、左手が自分の目の付近まで真っ直ぐ振りかぶり、左に45°位手の内を返して右胴に振り下ろします。

② 打突の瞬間は、右手を伸ばし、左手は引き、切先のスピードを感じさせるように力強く打ち込みます。打突部位は自分の前で捉えます。

③ 打突の瞬間の手の内は、右手が上で前方、左手は下で後方にします。
④ 振り下ろす間の左拳は、一旦は正中線より右側に外れますが、打突の瞬間には正中線に戻り、手の内を効かせます。
⑤ 右足を前に出して打つのが基本ですが、左足を出して打つこともできます。
⑥ 打ち終わった後は、手の内を緩めます。
⑦ 抜き胴は、相手が打ってきた瞬間に、すかさず両方の手の内を左に返し、自分の手前で上記要領にて打ちます。打ち終った後に相手との距離が近くなるので、左手を離し相手とすれ違うこともあります。

相手の逆胴（左胴）を打つことがあります。

① 相手が左拳を揚げた瞬間に、一旦右足から踏み込み左足を引きながら手を返して逆胴を打ちます。
② 相手が左片手横面を打ってきた場合、竹刀の裏（右）鎬で応じ、手を返してすかさず逆胴を打ちます。
③ 相手が左片手突きを突いてきた場合、竹刀の表（左）鎬で萎《なや》し入れ、手を返し

てすかさず逆胴を打ちます。

胴打ちは手の内の返しが大切です。左右の胴の切り返しも鍛錬して手の内の返しを学んでください。

4．突き

構えから、機を見て切先で相手の「突き部」を突くまでの一連の動作を順に解説します。

①　相手の剣先が中心から外れている場合の諸手突きは、左足で腰を押すようにしながら右足を前に出し、両手をやや内側に絞りながら両腕を伸ばし、真直ぐに突き部を突き、直ちに手元を引きます。

②　相手の剣先が中心にある場合の諸手突きで、相手の竹刀の表から突くのを表突き、裏から突くのを裏突きといい、それぞれ表裏から相手の鍔に乗り両手を絞りながら両腕を伸ばして突き入れます。

③　①、②の諸手突きの場合、両腕を伸ばす際の手の使い方は、左手を主とし右手は添え手とします。

④　間合が未だ遠い内に、機を見て左片手突きをすることがあります。出す足は左右いずれでも構いませんが、前に思い切りだして強く突きます。切先を投げたような突きでは片手である故に有効打突にはなりません。

⑤　いずれの突き技も、突いた後は直ちに中段の構えで残心をとり、後打ちに備えます。

突き技は振りかぶらずに諸手を突き出すため、上半身がのめるようになるので手よりも体で突く気持ちで突きます。突いた後は直ちに中段に戻り、残心をとります。

5. まとめ

何回も振りかぶってからの面打ちを練習しているうちに、手の内が良くなり、打突時の音も良くなります。素振りや切り返しでしっかりした手の内、手の返しを鍛鍛錬し、いつでも正確に打突部位を捉えることができるようになりましょう。千鍛万錬《せんたんばんれん》とか百錬自得とか申します。何度も何度も鍛錬し、自分のものにしてください。打った後の残心を忘れぬようにしましょう。

振りかぶることは敵に対する最大の威嚇ともなります。お互いに「打ちたい葛藤」になった時は、振りかぶって打った方が勝ちです。「打つ勇気」を奮い起こすには、先ず振りかぶり、そして打ち込みましょう。

第九章　「技」について

技の無い剣道は味がない。いにしえからの剣術における闘いの中で鍛え上げられた刀の鎬合いが竹刀の技となって表れるようでなくては、剣道の味わいは感じられません。竹刀を真剣と考え、竹刀にも鎬がある、この鎬を使った技を使ってほしいと思います。

また、技は術であります。

相手に、「食べたいな。いや、これは罠だから。でも、ほんとに美味しそうだな。一口食べれるなら死んでもいいや。ひょっとすると、罠ではないかも。」と、思わせるのです。打たせるところ（美味しい）を見せ、相手の打ちを引き出し（食べさせ）、そこに技をしかけ術に陥《おとしい》れます。色気をみせ、術に落とすのです。相手が打ってきたから、あわてて技をだすのではありません。自分から仕掛けて、術にかけます。術にかけるために、上手に隙を見せるのです。

ただし、「後の先」の応じ技を初太刀に使ってはいけません。やはり初太刀は自分から打って出るものです。「先の先」の飛び込み面、「対の先」である相打ち面、出端面としたいものです。

日本剣道形や古流の形は、この技の種類、その理合を伝えて余りあります。この形の稽古の中で、技の懸中待、待中懸の理合を体得しましょう。

この章では、今まで取り上げて来なかった「後の先」の応じ技であるすり上げ技、切り落とし、応じ返し、抜き技について、また「対の先」である相打ち、出端技について、その理合・使い方を解説します。

1．すり上げ技

「触刃の間」から「交刃の間」の間合の中で、最も遠い間合、すなわち触刃の間から少し入った間合で相手を誘います。

相手の竹刀が振り降りてくるまで待ちます。振り降ろすまでは自分の剣先、手元、足等は動かしません。相手の竹刀が振り降りてきたら、振りかぶりながらすり上げ、直ちに斬り下ろします。

竹刀の動きの方向は相手の竹刀の動きと逆の向きです。

竹刀の表ですり上げたら、竹刀の表で斬り下ろし、裏ですり上げたら、裏で斬り下ろします。竹刀の鎬で半月を描く様に振りかぶりながらすり上げ、すり上げたら、直ちに垂線を描く様に斬り下ろすのです。

　相手の竹刀が降りてくるまで十分に辛抱して、相手が「当たった」と思った瞬間をすり上げ、斬り下ろす技ですから、すり上げられた相手の竹刀は未だ振り下ろされている最中です。

　相手の竹刀が伸びてきますから、竹刀の半分より前ですり上げたつもりでも、実際のすり上げの位置は竹刀の中程より手前になってしまいます。ですから相手の竹刀が降り下りてくるまでは辛抱して、前に出てはいけません。それでようやく自分の前で打ち終わることができます。

　すり上げ技は、「石火の技」といわれ、燧石《ひうちいし》を擦った瞬間に出る火花のような一

AR

面すり上げ面

瞬の間に決めなければならない技です。この技を使うためには、柔らかく強靱《きょうじん》な手の内が必要で、打った瞬間の手の内が残心となります。

面や小手に対し、裏・表の両鎬を使い、その理合を自得するまで繰り返し練習してください。

2．切り落とし

「触刃の間」から「交刃の間」の間合の中で、最も遠い間合、すなわち触刃の間から少し入った間合で相手を誘います。

相手の竹刀が振り降りてくるまで待ちます。振り降ろすまでは自分の剣先、手元、足等は動かしません。相手が竹刀を振り降ろす刹那に振りかぶり、相手の振り下ろす力よりも強い力で竹刀もろとも切り落とします。

竹刀の動きの方向は相手の竹刀の動きと同じ向きです。

刀や木刀のように鎬があれば相手の竹刀を弾き切り落とせますが、竹刀の場合は、表でも裏でも、自分の振り下ろす竹刀にわずかに弧を描かせ、相手の竹刀を程良く弾きながら切り落とし、そのまま打突部位に斬り下げます。

すり上げ技では、すり上げられた途端に「しまった」と判りますが、この切り落としでは斬りつけている最中に斬り殺されるのですから、「しまった」と思う暇もない究極の技であります。

一刀流の木刀を用い、何回も切り落としの練習をして、間合、手の内、踏み込みの距離、理合等を理解してください。なお、剣道形の木刀で切り落としをすると木刀が折れて危険です。必ず一刀流の木刀を使用してください。

面切り落とし面（「剣道日本」提供）

3. 応じ返し

「触刃の間」と「交刃の間」の間合の中で、中程の間合、すなわち触刃の間から一寸五《ご》分《ぶ》程入った間合で相手を誘います。

相手の竹刀が振り降りてくるまで待ちます。振り降ろすまでは自分の剣先、手元、足等は動かしません。面応じ返し胴の場合、相手の竹刀が振り降りてきて打突部位に当たる直前まで我慢し、相手の腕が伸びきり、当たったと「にやり」とするまで我慢し、直ちに一打ちで応じ返して胴を打ちます。

竹刀の動きの方向は相手の竹刀の動きと逆の向きで受け止め、手の内を返して打

AR

面応じ返し胴

ちます。

竹刀の表で応じたら竹刀の裏に応じ返し、裏で応じたら竹刀の表に応じ返します。応じ返す瞬間に右肘は手元に引かず、できるだけ前で応じ返すようにしましょう。右肘を手元に引いてしまうと、自分の鍔元が目の前に来て、応じ返しにくくなります。自分の前で技を終わらせるように、応じる位置をできるだけ前に持っていくようにしてください。

4. 抜き技

「触刃の間」と「交刃の間」の間合の中で、最も深い間合、すなわち一足一刀の間合の一寸手前、すなわち「溜め」の間合で相手を誘います。

小手抜き面の場合、相手の竹刀が振り降りてくるまで待ちます。振り降ろすまでは自分の剣先、手元、足等は動かしません。相手の剣先が自分の剣先まで降り下りてきたら、すかさず振りかぶりながら抜き、相手の小手を打つ竹刀が未だ動いている内に、直ちに面に斬り下ろします。

面抜き胴の場合、振り下ろしてくる懐に飛び込む様に手の内を返して胴を打ちます。胴の打ち方は基本通り、手の内を返し、右手が前で左手が後ろ、右手が上で左手が下で力強く打突します。すなわち、この技も自分の前で打ち終えます。抜き胴の時期が一瞬遅れると、相手の胴を自分の竹刀で擦るような打ちになってしまいます。なお、打ち終った後に相手との距離が近くなるので、左手を離し相手とすれ違うこともあります。

AR

小手抜き面

引用：Kyoshi no Bu 8th Dan 578-581, 112th Enbu Taikai
https://www.youtube.com/watch?v=72ah3v34IOE&t=2s

5. 相打ち

「相打ち」とは、相手と共に死ぬということであります。すなわち、「私も死ぬけれど、あなたも一緒に死ぬぞ」という覚悟で相手の打ちと同時に打ち込むことであります。

もちろん剣道ですから死ぬことはありませんが、打って出ようとする時に、「出小手を打たれるのでは」とか、「応じ返されて胴を打たれるのでは」とかの懼れが生じ、打てなくなるどころか、その心の迷いに乗じられて、打たれたということがしばしば生じます。

しかし、この心の迷いに負けずに、受けるより「相打ち」で一歩前に出るという心掛け、覚悟が大切なのであります。

相打ちで相手の打ちや技を封じ、直ちに二の太刀で勝ちを制することがあります。例えば、相手が小手にきたところを同時に小手で相打ちとし、直ちに面に乗ることがあります。あたかも小手・面の二段打ちのように見えますが、一本で止まる相手にはなかなか有効な技であります。

また、相手の打ち込みに対し相打ちで応じ、気当たりで相手の体勢を崩し、直ちに引き面、または引き胴を打つことがあります。最近の学生剣道大会において、打っては直ぐ鍔競りの間で休むことを繰り返し、長時間のだらだらとした試合が多く見られるのは、この気当たりを使う修錬をしていないためでもあります。

このような相打ちを技として使う時の心の持ち様は、「溜め」において退がらないということであり、目付けにおいても打突の機が現れるまで目を離さないというものでなければなりません。相打ちの機を作って打つのです。「剣道は相打ちなり。」と言う方がおられますが、この辺の機微《きび》を言っているのかもしれません。

「振りかざす太刀の下こそ地獄なれ、一と足進め先は極楽」という宮本武蔵の作といわれる歌があります。実にこの辺のところをうまく言い表しております。

6. 出端技

「逃げるな、退がるな、一歩前に出る」というのは相打ちの基本でありますが、この相打ちの修行を続ける内に、相手の打ち出す機が見えてきます。その機を見て打てれば、出端打ちができるようになります。例え、「出小手を打たれるのでは」とか、「応じ返えされて胴を打たれるのでは」とかの懼れが生じても、無心にその機を打てばわずかでもこちらが先に当たるようになります。ある先生は、「打つ、打たれるで迷ったら、戴《いただ》いちゃいなさい。」と言っておられました。「打ちにいっちゃいなさい」と教えているのです。

「驚懼疑惑《きょうく》」を超えるのです。これを繰り返しているうちに、いつのまにか機を作って打つようになります。こうなると剣道がおもしろくなります。

理合とは先を読むことであるといいます。この出端を打つということは先を読むことであり、出端を打つことによって理合が理解されていくものと思います。

また、大学を卒業する際に、「稽古の量が取れないとか、子供としかできないとかの時期が来るかもしれない。そんな時は、出端を打ちなさい。それさえ守れば、剣道のレベルは低下しない。」と早稲田大学師範であった渡邊敏雄先生（明治四十四年／1911年~平成元年／1989年）から言われたことがありました。まさに理合いを学べと教えているのです。

7. まとめ

一刀流の「切り落とし」は、相手の打ちに対し、相打ちで刀もろとも一瞬に切り落とすものであります。斬られた相手は、自分がいつ打たれたのかも知らぬうちに死んでいるのかもしれません。まさにその初一念で打つ一拍子の打ちであります。

現代の剣道では、生死をかけて勝負をするということはありません。しかし、武士の時代の相打ちとは、相手と共に死ぬということであります。「抜いたら斬るぞ。抜けるか。」との「鞘中威《しょうちゅうい》」ともいうべき相打ちの迫力は、千鍛万錬の稽古の後に身につくものと考えます。「剣道は相打ちなり。」と言う方がおられますが、この辺の機微を言っておられるのかもしれません。

いにしえからの真剣の闘いで、刀の鎬合いから技が生まれ、鍛え上げられてきました。私たちが竹刀を真剣と考え、竹刀の鎬を使って技として表せるようでなくては、剣道の味わいは生まれません。

技は術であります。技をしかけ術に陥れることができたのか、自分から技を仕掛けたのか、打たれてあわてて技を使ったのか、適切な間合まで詰めることができたか等々、日頃の鍛錬の中に技を取り入れ、自分の得意技を持ちたいものです。
姿勢正しく、理合に適った技を使いこなし、美しい剣道を目指しましょう。

AR
小手、面の二段打と面切り落とし面
出典：NEDO 剣鈴木滋男氏提供

第十章　剣道形考

剣道形の解釈については、時代、個々人の考え方によりいろいろ意見もあり、また、変化もいたしておりますが、私なりの剣道形の学び方について、①打太刀・仕太刀、②機、③音、④残心について考察します。

1．打太刀・仕太刀

剣道形においては、常に打太刀は師であり、仕太刀は弟子の立場であります。太刀の一本目から数が上がるに従い、技の難易度が上がっていくものと解釈してください。特に小太刀の形になると、弟子は短く小さな刀で師に対抗するのですから、弟子も相当の腕を上げたと解釈しましょう。

打太刀は、常に上格の位にいて、下位の仕太刀を教える立場で行うことが原則であります。

仕太刀は、常に教わるという気持ちで打太刀に従います。仕太刀は、常に「先々の先」の気持ちで師の振り下ろす太刀を捌き、技で応じます。大太刀の六本目の下段だけは仕太刀から先に構えをとりますが、これも師に下段の稽古を教わるための弟子の技前の動作であります。

仕太刀は残心の姿勢を気位、または上段という形をもって表します。この残心を打太刀から動いて解消し、元の姿勢および位置に復帰します。ただし、小太刀の二本目、三本目になりますと、弟子もかなり上達し、師の右二の腕を左手で制して残心をとるまでのレベルになっており、初めて弟子から動いてその残心を解消します。

この師と弟子の立場を明確に理解することで、以下に述べる剣道形特有の打突の機や理合が理解し易くなります。

2. 機

剣道における機については、打突の機として、出端、居ついたところ、および技の尽きたところとして教えており、剣道形の中でも十分に取り入れられています。

しかし、剣道形の『機をみて打つ』の機については、私は解釈を変えております。

抜刀術の形では、打太刀が「参る」と声を掛け、一呼吸おいて仕太刀が「よーし」と応じ、それを見計らって打太刀が打ち掛ります。

剣道形の大太刀の形における「機」もこれと同じで、打太刀がどこから打たれても十分に対応ができる状態になったのを見計らった後打ち出すのを、剣道形における『機をみて打つ』と表現していると解釈します。

ある人が、「仕太刀が十分な構えをしているのに、何故打太刀が打ち込めるのか」と、疑問を感じていました。これは、打太刀・仕太刀の関係を師・弟子の教えの関係であると捉えていないためであります。

剣道の稽古の中で、打たせ上手な人がいます。これは、お互いが激しく打ち合う稽古の中で、一瞬弟子に十分構える余裕を持たせ、その機をみて打ち込み、弟子に上手に応じさせているのであります。「剣道の教育の要」は、この『機をみて打つ』理合にあると言っても過言ではありません。

小太刀に於ける「機」では、弟子もかなり上達し師がいつ打ち込んでも対応できるまでのレベルになったことを前提としております。すなわち、打太刀が打ち込む大太刀に対し、仕太刀は片手で持つ短い小太刀で打ち勝つのでありますから、仕太刀は相当に腕前を上げているという前提となります。だから、一本目、二本目の打太刀は、仕太刀の『入り身になろうとするところ』に面を打っていきます。

小太刀の三本目においては、仕太刀は打太刀のいかなる部位に対する打突に対しても、自由自在に応じる程の位にまで達しています。

小太刀における弟子の成長の段階を、一本目は「真」の位、二本目は「行」の位、三本目は「草」の位と、書道で使われている修行の段階で表現したとされております。

3. 音

大太刀の剣道形を、刃引き刀における互いの刃の触れ合う音の世界から捉えてみましょう。

一本目、二本目は、抜き技であり、互いの刃の触れ合う音はありません。充実した気勢と衣擦れの音が聞こえるのみであります。

三本目は、先ず仕太刀が打太刀の突きを右鎬で萎す際の擦り合いの音、次に打太刀が仕太刀の突きを右、左と物打ちの鎬で押さえて擦り合う音であり、未だぶつかり合いの金属音には至りません。あくまでも鎬による萎しや押さえであり、間違っても払いや弾きの金属音を出してはいけません。

四本目は、互いの左鎬どうしが相打ちで擦り合う音、次に打太刀の突きに対する仕太刀の巻き返しの擦り合う音であり、未だぶつかり合いの金属音には至りません。

五本目は、打太刀の面に対して、仕太刀が左鎬で半月にすり上げる時の金属音が聞こえます。しかし石火の技ですから、一瞬に聞こえる音です。

六本目は、打太刀の小手に対して、仕太刀が右鎬で小さく半月にすり上げる時の金属音が聞こえます。これも石火の技ですから、一瞬に小さく聞こえる音です。

七本目は、先ず互いの左鎬どうしの擦り合い、そして最後にまた音のない抜き技で終わります。

すなわち、大太刀の剣道形は「静」に始まり、「静」に終わります。

次に小太刀の剣道形を、互いの刃の触れ合う音の世界から捉えてみましょう。

一本目は、大太刀の面を小太刀の左鎬で受け流す音で、石火の技より長くなります。

二本目は、大太刀の面を小太刀の右鎬で受け流す音で、石火の技より長くなります。

一本目、二本目とも振り下りてくる刃を鎬で受け流すのです。間違っても、刃で受けて火花が散るようなことがあってはいけません。

三本目は、先ず大太刀を小太刀の表鎬ですり上げ、直ちにすり落とす音で、石火の技より長くなります。次に大太刀の胴を左鎬ですり流す音で、石火の技より長くなります。直ちに左鎬で打太刀の右鎬を鍔元まですり込む時の擦れる音、左鎬を鍔元にぶつける時の金属音が聞こえます。

4. 残心とその解消

残心とは、「打った心を暫しそのまま」と、私は考えています。すなわち、打突の余韻であります。剣道形は、「打った時の姿勢」、「残心の姿勢」、そして「程良い残心の間」の三つが整った時に初めて美しいと感じられます。

「打った時の姿勢」と「残心の姿勢」については、打太刀が上手に仕太刀に打たせ、仕太刀は良い間合で刃筋正しく打ち、堂々とした気位で残心をとることが肝要となります。

「程良い残心の間」は、仕太刀が「どうだ、参ったか」と睨みつけ、打太刀が「はい、参りました」と目で示すまでのちょっとした間でありますが、師である打太刀がその余韻の間を十分理解して残心を解消し、元の間合に戻り始めることが肝要であります。

大太刀の一本目から小太刀の一本目までは、全て打太刀がこの残心を解消し、元の間合に戻ります。

しかし、小太刀の二本目、三本目は、仕太刀が相当腕前を上げ、師の二の腕を押さえ腕の自由を制しているため、打太刀からは残心を解消できません。よって仕太刀からこの腕を放して残心を解消することとなりますが、師が「参りました」と言ってくれる訳ではなく、自分から残心を解消する間を判断し、解消した後の打太刀の反撃に注意しながら、元の間合に戻ることになります。

特に三本目は、師の右足が後方に左足が前方となった状態、また弟子の左足が前方に右足が後方となった状態で残心を解消しようとしています。一般に左上から右下に斬り下げる場合は、左足を前、右足は後ろにして斬り下げます。すなわち、師は間違って自分の右足に斬りつける心配なく、弟子の左足に斬りつけることができる状態にあります。従って、弟子が自分から残心を解消しようと、今まで制していた師の右腕を放した途端、師が弟子の左足に斬りつけてくる可能性が出てきます。そこで弟子は安全のため先ず「左足を先に引いて」から元の間合に戻ることが必要となります。

小太刀の二本目では、弟子の左足が三本目と同様に前方となっていますが、師の右足が前方に出ているので、弟子が自分から残心を解消しようと今まで制していた師の右腕を放しても師が弟子の左足に斬りつけることができません。そこで弟子は先に右足、そして左足と安全に足を引くことができます。

小太刀の二本目および三本目で残心を解消する際の足遣いの違いはここにあります。

5．まとめ

日本剣道形に限らず、古流の形を学ぶことは、技、刃筋、呼吸、間、間合、理合等の理解を深めることができ、自分の剣道の「格」や「位」を上げることにもつながります。剣道の稽古および形の稽古を両輪として修行することも肝要であります。

第十一章　昇段審査での心掛け

昇段審査は、剣道修行者にとっては一里塚のようなものでしょう。決して終点ではなく、修行の通過点と考えられます。審査を受けることによって、その時点での修行の段階を、客観的に評価していただけるのです。

ここでは、昇段審査においてどのように心がけるべきか、審査員が何を見るか、自分の反省も含めてお話しいたします。

1. 着付け

これは最も大切に考えなくてはなりません。なぜなら、着付けがだらしないと、審査員は見てもくれないからです。

稽古着、袴は紺色の木綿とし、色の褪せたものはいけません。折り目がきちっとして、清潔感がでていなくてはなりません。また、初めて使用するものもだめです。一度は水通しをしておき、奴凧のようにならないようにしましょう。

剣道具は色の褪せたもの、綻《ほころ》びの見られるものはいけません。修行中です、逆に派手なものもいけません。面紐・胴紐は、長さを揃え、縦結びは絶対禁物です。

竹刀も一度は使用し、安全を確認したものを使います。柄の真っ白のものはいけません。

着付けがきちっとしていると人目を引きます。先ず、「おっ、いいね。」と思わせなければ次へ進めません。着装は日頃の稽古の心がけが表れるものです。美しくなければいけません。意識して美しく着付けるように心がけましょう。

2．立ち居振る舞い

着付けで人目を引くと、今度は立ち居、振る舞いが気になります。

「ほれぼれするような立ち姿」、これです。

先ず、姿勢を見られます。腰が入っていなければなりません。顎が出てはいけません。竹刀の扱い、帯刀時の竹刀の角度・柄頭の位置、目礼の角度、九歩の間合、すり足前進、抜刀の時期・切先の軌跡、蹲踞の時期・姿勢、立ち上がりの時期・姿勢等、全て見られています。

ここでも、「おっ、いいね。」と思わせなければ次へ進めません。この立ち居、振る舞いも日頃の稽古の心がけが表れるものです。美しくなければいけません。意識して美しい立ち居、振る舞うように心がけましょう。

3. 位置取り

昇段審査では、審査員は着席しています。試合なら審判員が試合者に合わせて打突の見える位置に動いてくれますが、審査員は動けません。だから、審査員の見える位置で立ち合わなければいけません。遠くで立ち合いをされても見えません。お尻を向けられても見えません。見えないものは採点できません。

審査員の見える位置とは、審査員にできるだけ平行になることです。相手がそれを知らなければ、自分が主導して審査員の見える位置に相手を連れてくるぐらいの気持ちがあれば、審査員にもそれが判ります。この位置取りも、日頃の稽古で自分が「主」となっているかを問われていると考えてください。

4．立ち合い

立ち合いにおいては、「初太刀までの場」、「技の場」、そして「仕上げの場」という「三つの場」の段階をつくる必要があります。全て重要ですので各段階を説明します。

先ず初めの「初太刀までの場」は、審査員の目を向けさせるために特に重要です。構え、攻め、溜めと十分に時間をかけます。審査員にも、ここで打ってほしい間、間合があります。その理合いに叶った時に打たなければなりません。ただ打って行くだけでは、なんだと思われてしまいます。また、初太刀は、自分が打たなければなりません。攻めすぎず、十分に溜めて、自分から面を打ってください。出端面ならそれもいいでしょう。毎日の稽古で自分が先に初太刀を打つことに心がけましょう。

次の「技の場」は、技の錬度を見られます。技を出す時期、正確さ、切れ味等、これも日頃の成果を披露する場であります。「技のない剣道は、味がない。」、打ちすぎることなく、自分が主となって相手を引き出し、術に陥れて下さい。本来は最も長い時間ですが、あっという間に過ぎます。姿勢、目付、竹刀の握り、左足等、普段の構えを保ち続けてください。

最後の「仕上げの場」とは、ちょうど床運動の選手が最後に大技を繰り出し、見事な着地で仕上げる場面と考えてください。立ち合う時間が2分ならその終わる頃を見計らって、思い切った飛び込み面を打つのです。小手を打たれようが、胴を抜かれようが、この一太刀で叩き斬るという気概が見えなければなりません。この一本に今までやってきた自分の生涯の剣道を表現するのです。

全体を通じては、やはり気剣体の一致した有効打突の一本を打たなければいけません。逆に、二本も三本も打たれてはいけません。その力量の差を審査員に見てもらうのだと考えて下さい。

八段審査では、一次試験においては相手よりも圧倒的に強くなければいけません。徹底的に自分の強さをアピールできなければ通過できません。この一次試験で6％程度まで篩われます。しかし、二次試験では先に述べた「三つの場」をしっかり見られます。気負わずに自分が主となり、特にこの「三つの場」を自分でつくることが肝要です。

5．気迫

剣道は格闘技です。審査の立ち合い中、何とかうまく納めたというのでは審査員は納得しません。刀で斬り合ってきた歴史の中から生まれた剣道です。そこには、「ぶった斬るぞ。」という気迫が感じられなければいけません。

八段審査でもその審査時間は、たったの2分間です。「触れば切れる」というような気迫をもって審査に望んで下さい。

6．美しさ

いままで、いろいろな角度から審査に臨む心がけを述べてきました。着付け、立ち居、振る舞い、立ち合い、打突、刃筋、残心、いずれにしても美しくなければいけません。美しくつくっても、底の浅いものはすぐに見抜かれます。技、足裁き等、身に付いたものが自然と表れ、それが、「あ、美しいな。」と思われるようなものが本物です。

最も大切なことは、腰から上を曲げないということです。背筋が伸びて、腰の入った姿勢、体勢の崩れない打ちが何にもまして美しいのです。自分の稽古を、ビデオで見たり、人の批評を謙虚に聞き、美しい剣道となるよう心がけて下さい。

7．まとめ

審査中、相手をしっかり見ることができたか。審査員にお尻を向けなかったか。こうしたいと思ったことの何割が実行できたか。打たれるのがいやで上半身を曲げて避けなかったか。退らなかったか。初太刀は自分が打ったか。気剣体の一致した一本を打てたか。仕上げの面に飛び込めたか。

審査では、自分のその時点での剣道修行のレベルを、自分より上手の先生に客観的に評価していただくのです。また、同レベルの相手に対し、思い通りの打ちを出せたか、悪い癖を抑えきれなかったか等、審査員という第三者の前で「今の自分の剣道」を表現することができる場でもあります。すなわち、昇段審査は剣道修行者にとっての一里塚です。このような素晴らしい場を持つことができるのですから、修行者として大いに活用すべきと思います。

第十二章　高齢の剣道

年齢とともに剣道の技術には限界があります。絶対強ということはありえません。しかし、心境は無限であります。高齢になってからの剣道は、理合のある剣の理法の修錬であると考えます。そういう剣の操作、心の錬磨を心がけて参りましょう。年齢とともに、技から心へ、その入り口が理合なのです。我々もそれぞれの年齢に応じて、この理合を理解し、少ない体の動きで行う稽古が必要になってきます。この章では、少ない動きの打突とその理合について解説するとともに、高齢の剣道の目標とすべき心掛けについて持田先生の遺された一文を紹介します。

1. 一足打ち

剣道の醍醐味は、振りかぶり飛び込んで打つ面であります。それは、「押し切り」であり、打突した余勢はすり足を伴って残心とします。刀を使った「引き切り」の居合とは異なります。

しかし、剣道形ではすり足の一足一刀で打突し、手の内の冴えで残心、または、さらに上段をとった上、「どうだ、参ったか。まだ来るか。」と、動作を伴って残心とします。

このすり足の一足一刀の踏み込みだけの打突を「一足打ち」と呼ぶことにしましょう。一歩踏み込んで、左足を引き付けるのです。惰性《だせい》で足が動いて二の足を踏むことなく止まります。

剣道では、「飛込み打ち」とこの「一足打ち」という、大波と小波を上手に使い分けて舞台を作り上げていくことに、芸事としての美しさや芸術性が出てくるのであります。しかし高齢の剣道においては、すり上げ面、切り落とし面、応じ返し胴、小手抜き面、出端小手、出端面等を、一足の踏み込みで、瞬時に腰、足、手の内、左足の引付を伴う見事な一本に決めます。

相手を引き出し、打とうと出てきたところを待ち構えて打ちます。また、出られずに苦しくなっている相手より一瞬先に動いて出端を打ちます。小手に対しては裏からのすり上げ面、面に対しては表からのすり上げ面だけで十分稽古を楽しんでいる高齢の方もおられます。

遠くに飛ぶ必要がなく、タイミングと相手との駆け引きにより作り出せるので、高齢者はこの習得に心掛けるべきであります。

2. その場打ち

「一足打ち」では、「一足」で打ち左足を引き付け、その場で残心をとっておりましたが、「その場打ち」とは、この一足をさらに縮めて右足のみの「半歩」とし、左足の引付は伴わずに手の内で残心をとります。

踏み込みはすり足とし、その場で瞬時に腰、足、手の内を決めます。

打突は「石火の位」で一瞬に行うため、さらに余分な動きを極力そぎ落とし、極めて単純化した技で行います。自分の手前で技を決めなければならないので、近間より遠間で打突することが有効でしょう。

理合としては「一足打ち」と同様です。待って打つのではなく、相手を誘い自分が一瞬先に打ちます。半歩前に出て、一拍子で手の内の冴えを利かせ、残心まで完成させるのです。竹刀の打突部（もの打ち）を打突部位に刃筋正しく打突し、打突の余勢を全て打突部位の一点に乗せて止まり、手の内で残心とするのです。

この「その場打ち」が決まることにより、その場の雰囲気が一変します。高齢者の剣道が美しく極まるのは、こんな時ではないでしょうか。

3．技から心へ

剣道の修行における過程の中で、体力の衰えということは避けて通れぬ問題であります。しかし、先人達は、「初めに未だかかって格より入らざるは無し。而《しか》して至れば格より出づ」と云い、技から心への進化が大切であると説いています。打たれてよいと言っているのではなく、打ったり打たれたりを云々するのでもなく、打つ前の心、打たれた時の心の持ちようを大切にする剣道に進化しなさいと教えています。例え体が利かず当たらなくとも、「そこを打ちましたよ。」、「そこを出てくれば、こう打ちますよ。」と、常に「先々の先」の心掛けで稽古するのです。

打たれたとしても、常に剣先を相手の中墨にとり、充実した気勢、崩れぬ姿勢を保ち、相手の打突より一瞬先にぐっと前に出て堂々と打たれればいいのです。ただし、諸手を伸ばしての向かえ突きは控えましょう。相手の上達に阻害を与えるとともに、自分の剣道の気品を失います。せいぜい無理に出てくる相手の突き部、胸突き部にトンと自分の剣先が当たる程度としてください。

充実した気勢、崩れぬ姿勢、上手な間と間合の取り方で、常に先を懸け、攻め続け、相手の実を虚に変え、出端面を打つ、また初太刀は必ず自分が取る。できればこんな風に剣道を楽しみたいものです。生涯剣道と言われます。しっかりした「不動の構え」を築き上げ、「技」から「心」の剣道に進化してまいりましょう。

4．持田盛二先生遺訓

持田盛二先生は、昭和四十九年／1974年に八十九歳で亡くなられましたが、「持田盛二遺訓」という一文を遺されました。高齢者の剣道の目標とすべき心掛けについて書かれ、短いですが味わいの深い文章ですので紹介します。

「剣道は五十歳までは基礎を一所懸命勉強して、自分のものにしなくてはならない。普通基礎というと、初心者のうちに修得してしまったと思っているが、これは大変な間違いであって、そのため基礎を頭の中にしまい込んだままの人が非常に多い。

私は剣道の基礎を体で覚えるのに五十年かかった。

私の剣道は五十を過ぎてから本当の修行に入った。心で剣道しようとしたからである。

六十歳になると足腰が弱くなる。この弱さを補うのは心である。心を働かして弱点を強くするように努めた。

七十歳になると身体全体が弱くなる。こんどは心を動かさない修行をした。心が動かなくなれば、相手の心がこちらの鏡に映ってくる。心を静かに動かされないよう努めた。

八十歳になると心は動かなくなった。だが時々邪念が入る。心の中に雑念を入れないように修行している。」

5. まとめ

気を殺すとは、蛙が蛇に睨まれた状態にさせることであると言いました。この「殺す」という境地を超えることができるのでしょうか。

伊藤一刀斎の「夢想剣《むそうけん》」、針ヶ谷夕雲の「相抜《あいぬ》け」、上泉伊勢守の「転《まろばし》」、宮本武蔵の「巌の身」、山岡鉄舟の「無刀《むとう》」等々、「闘わずして勝つ」極意というのは、この「殺す」という境地を求めた修行からさらに進み、生死を超えた境地にまで達した結果に生まれたものかもしれません。私たちがこの境地にまで到達することはできないとしても、「驚懼疑惑」を超えた不動の心で修行を重ねていきたいものです。

剣道は基本に始まり基本に終わるとも言います。また、年齢とともに「技から心へ」と修行法も変化していかなければなりません。持田先生の一文が、勝敗を越えた人間形成の道、生涯剣道、そして美しき剣道を求める私たちには素晴らしい指針となることでしょう。

おわりに

剣道が強くなるためには「繰り返し稽古する」ことは大変重要なことであります。本文ではさらに進めて、「考えて稽古する」ことの必要性を説き、具体的に有効打突の「打ち方とその理合」を理解した上で稽古を積むことの重要性を述べてまいりました。また、「美しき剣道を求める」には、「構えから、攻めて、打ち終わる」までの、「身構え、心構え」についても解説しました。

持田盛二先生の文章や行動の例をたくさん載せましたが、先生の教えがこの両方を言い得て大変参考になるからであります。

この持田先生にも師匠はおりました。「序にかえて」で触れた内藤高治範士です。京都では、明治二十八年に大日本武徳會が設立され、明治三十二年に武徳殿が完成するとともに、早稲田大学の初代師範であった内藤先生を電報にて「ミチノタメキタレ」と招聘し、その師範にしました。この武徳會に、明治三十八年に創設された武術教員養成所（明治四十五年に武道専門学校に改称）で、一期生の持田盛二、斎村五郎等、太平洋戦争敗戦まで多くの剣道指導者が養成されています。

内藤先生は剣道の競技化を嫌い、切り返しや掛稽古等基本を徹底的に指導しました。昭和四年天覧試合の開催に強く反対しましたが、宮内省より「勅命である」と言われ、やむなく従いました。「これで日本剣道は滅びた」と嘆じ、開催直前の昭和四年四月九日に脳出血で急死しました。武徳殿の前には、「剣聖内藤高治先生顕彰碑」が建てられております。なお、この天覧試合に朝鮮総督府警務局在職時の持田先生が指定選手の部で優勝し、昭和五年講談社野間道場の師範に迎えられ、後世に多大な貢献をすることとなります。

太平洋戦争敗戦後、剣道はスポーツとして再生しました。しかし、一時剣道が競技化に偏り過ぎた傾向となり、これを憂えた有識者による改革が進められました。全剣連は、昭和五十年三月二十日に「剣道の理念」として、「剣道は剣の理法の修錬による人間形成の道である」と定義づけ、また、平成十九年三月十四日には「剣道指導の心構え」として、竹刀の本意、礼法、および生涯剣道という三つの柱を制定し、剣道をより良き姿へと導いております。

昭和四十年の前後から、女子の剣道人口の増加、および世界への剣道の普及も目覚ましい発展を遂げております。学生時代に剣道をした者が、男女とも実業界、教員、警察等へ進み、各界で活躍しております。明治以降、良くも悪しくも学生剣道が人数的にも剣道界の主体をなしてきておりますが、学生剣道を良い方向に導くことが、将来の剣道を決定づけると言っても過言ではありません。

人間社会には、いろいろな人間形成の道があります。「剣道」にもいろいろの修行の道があり、それを否定してはいけません。「剣道が万人に親しまれ、喜ばれる人間形成の道となっているのか。一部の人間の閉鎖的な世界で行われていないか。今の剣道が己を高めているか。その打突が己の恥とならぬか。自分の剣道が他の剣道を高めているか。」等々、常に考え続けていかなければなりません。

「剣道は剣の理法の修錬による人間形成の道である」という「剣の理法」の中に、先人の生死を超えた厳しい修錬の歴史を感じずにはいられません。これを理解して修錬するからこそ、座標軸のしっかりした人間形成の道が開けてくると信じます。「美しい剣道」を求めて修行しているからこそ判る、素晴らしい人間形成の道があります。各人が各様に修行を重ね、美しく気高い剣道を永遠に伝えていかなければなりません。

維摩経に、「有法門、名無尽燈、汝等当学、譬一燈百千燈、冥者皆明、明終不尽」とあります。「法門あり、無尽燈と名づく、汝等まさに学ぶべし。無尽燈は、譬《たと》えば一燈に火をともせば百千燈に明かりを灯すが如し。冥《くら》き者も明るくなる。また譬え一燈が終えても万燈尽きることなし。」

「**燈々無尽**」

あとがき

拙著を書き上げるまでにＮＥＤＯ剣道塾の皆様には大変お世話になりました。特に塾長の稲川泰弘先生には、推薦の言葉を書いていただき身に余る光栄であります。その推薦のお言葉にもありますように、「稽古の後の飲み会の席で、また地稽古のビデオ映像を皆で並んで見るＴＶの前で、ノートと鉛筆を持った「担当者」が、いつも師匠の言葉のメモを作っていた。」と書かれているように、皆様のお力添えが無ければ拙著も生まれることはありませんでした。改めてここに厚くお礼申し上げます。

製本にあたりましては、レイアウト、デザイン、写真の挿入、装丁等、様々な点に配慮いただきました小野高速印刷株式会社　黒田貴子様には大変お世話になりました。また、出版に際しましては、ブックウェイ様にご尽力いただいております。ここに深く感謝申し上げます。

平成三十一年　二月

著者略歴

栗原　正治（昭和23年1月5日生　東京都出身）

昭和45年3月　早稲田大学卒（地球科学専攻）
技術士（応用理学）
剣道教士八段

● 職　歴

昭和45年4月　日本鉱業㈱（現ENEOSホールディングス）入社
昭和49年4月～昭和51年3月
㈵動力炉核燃料開発事業団出向
昭和56年4月～昭和61年3月
㈵新エネルギー総合開発機構（NEDO）出向
平成4年7月～平成7年7月
㈶ＬＰガス振興センター出向
平成14年4月～平成24年1月
日鉱ドリリング㈱（現JX金属探開㈱）
取締役、代表取締役社長、取締役会長、顧問を歴任し退職

● 剣道指導歴

昭和62年～平成6年　早稲田大学剣道部助監督、監督
平成21年～現在　早稲田大学剣道部師範

● 剣道団体役員歴

平成24年～平成27年　全日本剣道連盟評議員
平成16年～現在　全日本学生剣道連盟理事、代表理事、参与
平成12年～現在　関東学生剣道連盟常任理事、副会長、顧問
平成12年～令和3年　東京都学生剣道クラブ評議員、副会長
平成30年～現在　巣鴨学園剣友会会長

● 剣　歴

昭和41年　大分国体優勝、全日本学生優勝大会3位
昭和42年　関東学生選手権大会優勝
昭和44年　早稲田大学剣道部主将、東京都剣道大会優勝
昭和48年　世界選手権（米国）大会出場
昭和49年　茨城国体準優勝
昭和59年　全日本実業団大会準優勝、済寧館100周年記念天覧試合出場
平成7年　パリ大会優勝
平成9年　全日本実業団高壮年大会3位
平成10年　全日本実業団高壮年大会準優勝
平成15年　剣道八段昇段

剣道に学ぶ

2019年４月25日　初版第１刷発行
2023年４月28日　初版第６刷発行

著　者　栗原正治
発行所　ブックウェイ
〒670-0933　兵庫県姫路市平野町62
［販売］Tel.079(280)2727　Fax.079(244)1482
［制作］Tel.079(222)5372
https://arpub.jp
印刷所　小野高速印刷株式会社

ISBN978-4-86584-394-1